내 삶을 이끄는 습관

셀 프 리 딩

내 삶을 이끄는 습관

셀 프 리 딩

배병옥 지음

LNN

나답게 살아가는 것이 답이다

생각해보면 내 나이 오십을 넘은 지금도 풀지 못한 어려운 숙제가 하나 있었다. "난 어떤 사람인가?" 나에 대한 올바른 정의(定義)의 문제이다. 아쉽게도 지금까지 명쾌한 답을 찾지 못했다. 그래서 그 답 대신 이 책을 쓰게 되었다.

어느 신문에서 읽었던 '어느 95세 어른의 수기'라는 칼럼 내용이 떠오른다. "나는 60세에 정년퇴직을 하고 그 이후는 덤으로 산 인생이라 생각하며 살아왔다. 퇴직 이후 아무런 가치를 느끼지 못하고 살아온 지난 30년 세월이 너무나 원망스러웠다. 그래서 95세가 된 생일날 어학공부를 시작했다. 10년, 20년 후에 지금을 또 후회하지 않기 위해서 말이다."

어느 어른의 독백처럼 나 역시도 앞으로 30년 아니 50년이 될지 모를 내 생의 나머지 삶에서는 내가 진정한 주인이 되고 싶은 마음이 간절하다. 이제는 남들이 내 생각을 좌지우지하지 못하게 하고 싶다. 현실의 이해가 다소 충돌되더라도 그 길이 옳다고 생각되면 주체적인 사고를 하려고 한다.

　돌아보면 지금까지는 내 삶을 세상이 원하는 방향대로 맡겨놓고 살아왔다. 진정 내가 원하는 삶은 꾹꾹 눌러놓고 모든 것을 나중으로 미룬 것은 아닌지 생각해본다. 물론 나만 그런 생각을 하는 것은 아닐 것이다. 이 책을 읽고 있는 누구라도 공감하리라 생각된다.

　사실 이 책은 나 스스로가 지금까지 살아온 방식을 반성하는 의미도 있다. 내 마음속 깊이 자리 잡은 자아를 구속하면서 나 자신의 감정에 충실하지 못하고 남의 감정에 관여되어 여기까지 온 것에 대한 회한이라고 할까! 나 역시도 이 책을 쓰면서 아직까지 행동과 실천이 뒤따르지 못한 것을 스스로 반성해보면서 지금부터라도 나를 깨우고 싶다.

　동양이든 서양이든 만물의 이치가 '나'로부터 시작된다는 것은 두말할 필요가 없다. '나'를 다스리는 것은 우주를 다스리는 것과 마찬가지이다. 철학적인 관점으로 확장하지 않더라도 우리에게 행복과 성장을 가져다주는 근원은 본인 스스로가 만든다.

곧 모든 행복과 불행의 원천은 '나'로부터 비롯된다. '나'를 중심으로 상하좌우 관계의 질을 높여 '향기 나는 세상'으로의 변화를 꾀하는 것이 바로 이 책에서 주장하는 '셀프리더'의 역할이다. '셀프리더'란 올바른 가치관을 가지고 주체적인 삶을 유지하고 가꾸어 나가는 사람을 말한다.

가령, 우리 주변에 고약한 이웃이 있더라도 그저 각자는 더 좋은 이웃이 되려고 노력해야 한다. 착한 아들을 원한다면 먼저 좋은 아빠가 되어야 하고, 좋은 아빠를 원한다면 먼저 착한 아들이 되어야 한다. 남편이나 아내, 상사 혹은 부하직원의 경우도 마찬가지다.

세상을 바꾸는 단 한 가지 방법은 바로 자신을 바꾸는 일이다. 보통 갈등이 생기면 대부분은 상대가 변화해야 문제가 풀린다고 생각하기 때문에 상대를 변화시키려는 노력을 다하게 된다. 그러나 그건 불가능에 가까울 정도로 어렵다. 오히려 나 자신을 변화시키는 것이 쉽다. 내가 먼저 변화하면 갈등은 의외로 쉽게 해결되고 때에 따라서는 상대방이 바뀌는 기적이 일어나기도 한다.

누구라도 성공하고자 한다면 먼저 스스로가 자기관리를 철저히 해야 한다. 변화무쌍한 세상에서 자신이 누구인지, 어떤 사람이 되고 싶은지를 깨닫기 위해서는 자기인식이 뚜렷해야 된다. 유가에서 말하는 수신(修身), 허물을 자신에게서 찾는다는 반구제기(反求諸己), 남이 보지 않는 곳에서도 부끄러운 일을 하지 않는다는 불기암실(不欺暗室) 등의 자기관리에 관한 수많은 저술이 있다. 자신의 가치를 높이는 책이나 비결 등도 수없이 많다. 그러나 진정한 자기 관리는 조용하고 냉철하게 이성의 힘을 키우고, 지식과 경험으로 본인의 능력을 최대화하는 것이다.

명말청초의 교육가인 장리상은 "선(善)은 마음, 말, 행동에서 나온다."라고 했다. 즉 선은 좋은 품성, 좋은 생각, 좋은 학풍, 좋은 말, 좋은 행동

등으로 표출된다. 하지만 선은 교육과 꾸준한 수양을 거쳐야 그 토대가 튼튼해지고, 그 경지도 높아진다. 인간은 천성적으로 선의 '싹'을 갖고 태어나지만, 후천적으로 좋은 교육과 올바른 계도를 받지 않으면 그릇된 길로 빠지기 쉽기 때문이다. 따라서 선한 본성을 지키고 키우기 위해서는 몸과 마음을 갈고 닦는 데 힘써야 한다.

사람의 품성은 보통 선천적 요소와 후천적 요소로 구분할 수 있다. 선천적 요소는 의식주를 해결하기 위한 기본요소로 생존과 밀접한 관계에 있다. 반면, 후천적 요소는 출세나 성공을 위한 사회적 요소로서 자신에 대한 남들의 평가에 밀접한 관련성을 두고 있다.

저마다 다른 환경에서 태어나고 성장하고 생업에 종사하기에 선천적 혹은 후천적 요소의 구성비는 각기 다르지만 '나'라는 캐릭터를 만드는 데 기여한 요소로는 분명하다. 그래서 사람들의 성격이나 특성은 유아기·청소년기는 단순하고 명확하나, 청년기·장년기로 접어들면서부터는 복잡해지고 까다로워진다.

　맹자는 "천하의 근본은 나라에 있고, 나라의 근본은 집에 있고, 집의 근본은 자신에게 있다."고 말했다. 유가에서는 사람을 부리기 위해서는 자기 수양으로 덕을 쌓아야 한다고 강조했다. 덕으로 사람들의 마음을 이끌어 내야 한다는 사상은 오랜 세월 빛이 퇴색되지 않은 불문율이다.

　우리가 잘 아는 속담에 "윗물이 맑지 않으면 아랫물이 맑을 수 없다." 라고 했다. 마찬가지로 논어에 "기신정(其身正)이면 불령이행(不令而行)이고, 기신불정(其身不正)이면 수령불종(雖令不從)"이라 했다. "제 몸이 바르면 시키지 않아도 사람들이 따라 행하고, 제 몸이 바르지 않으면 시켜도 따르지 않는다."고 했다.

　각기 다른 사람들이 어우러져 가정을 이루고 조직을 만들고 국가가 형성된다. "내가 곧 우주이다"라는 불교의 기본사상을 빌리지 않더라도 사람이 모여 집단을 형성하고 공통의 목표를 설정하여 한곳만을 바라보며 살아간다는 것이 쉽지 않은 일이다.

하지만 각자 자신들을 위해서라도 거기에서 비롯된 하나하나의 문제들을 다함께 풀어나갈 수밖에 없다. 더구나 리더의 위치에 있는 사람이라면 본인의 문제를 넘어서 집단 내 구성원들의 문제까지 조합하고 각기 이해를 조정해 나가야하기 때문에 혼자만의 힘으로는 감당하기 어렵다.

한꺼번에 모든 것을 풀어낼 수는 없는 것이다. 그러나 아무리 복잡한 문제라도 핵심은 의외로 단순하다. 바로 자신을 먼저 내세우지 않고 끊임없이 본인을 변화시키면 모든 것이 눈 녹듯이 풀리게 된다. 모든 문제와 번뇌는 나로부터 시작되기 때문이다. 애당초 '자신'을 잘 관리했더라면 발생하지도 않았을 것들이 대부분이다. 하지만 비록 발생된 문제가 있다고 하더라도 내 정신과 마음을 제대로 다스린다면 아무리 복잡하게 얽힌 문제라도 쉽게 해결책이 보이기 마련이다.

이 책 『셀프리딩』은 내가 살아오면서 경험하고 느끼며 체득한, 가슴 깊이 자리한 이야기를 글로 옮겨놓은 것이다. 나 자신은 물론이고 이 책을 접하게 된 독자 여러분과 공감할 수 있도록 진솔하게 이야기를 펼치게 되었다.

아무쪼록 이 책을 읽고 조금이라도 도움이 되었으면 한다. 그리고 당당하게 여러분 스스로가 삶의 주체로 거듭나는 기회가 되었으면 하는 바람이다. 또 한 가지, 이제부터라도 자신을 너무 구속하지 말고 스스로를 사랑하고 존중해주었으면 한다. 결국 이 세상의 험난한 파고(波高)를 견디어 낼 사람은 바로 나 자신이기 때문이다.

2018년 4월

배병옥

|차례|

PART 01

셀프리딩이란 :
셀프리더들의 행동특징

01 _셀프리더는 일 자체가 즐김이고 휴식이다

영국 런던에 본사를 두고 있는 세계적인 기업인 버진그룹(Virgin Group)의 리처드 브랜슨(Richard Branson) 회장에 대한 에피소드는 경영 사례에 많이 등장한다. 그는 사실 난독증이 있어서 학교에서 가르치는 것을 따라가지 못했고 중학교도 졸업하지 못했다. 심지어 회사가 번창해갈 때도 회계개념이 없어 매출과 이익 개념을 구분하지 못할 정도였다고 한다.

그가 이끄는 버진그룹은 전 세계에 400여 개 회사를 가지고 있고, 그는 최초로 열기구를 타고 대서양을 횡단했으며, 몇 년 전부터는 일반인도 우주를 경험할 수 있도록 우주 여행상품을 기획해서 내놓았는데, 2016년 초에 이미 약 700여 명 정도가 그 상품을 예약했다고 한다.

버진(Virgin)은 '숫처녀'라는 의미이다. 회사 이름에서도 느껴지는 것처럼 새로운 분야를 개척하는 것이 그 기업의 모토(motto)이다. 설렘으로 새로운 분야의 일을 시작하고 즐김으로 사업을 확장한 것이다.

'즐김'의 생활철학을 리처드 브랜슨처럼 실천하는 사람은 흔치 않다. 그는 17세인 1967년에 '버진레코드'를 설립하여 성공을 맛보았고 항공, 철도, 모바일서비스, 스포츠, 미디어, 금융, 건강, 환경, 자선사업 등 무수한 사업을 하면서도 지칠 줄 모르고 새로운 세계를 열어가고 있다.

그를 그렇게 인도하는 힘의 원동력은 바로 '즐거움'이라고 본인은 말한다. 한번은 버진항공의 회장인 그가 스튜어디스 분장을 하고 비행기 기내에서 음료수 서빙을 해 손님들을 깜짝 놀라게 한 적도 있었다.

브랜슨에게는 평소 행동하고 실천하는 자신만의 생활철학이 있는데 그 생활철학에서 그가 성공한 이유를 엿볼 수 있다. 어느 책에선가 그의 생활철학을 열 가지로 요약해놓은 것이 있어 소개한다.

하나, 내 인생의 철학은 매일 매 순간을 즐기라는 것이다.

둘, 사람은 걷는 규칙을 배워서 걷지 않는다. 넘어지면서 걷는다.

셋, 아이디어가 성공할지 알아보기 위해 막대한 비용을 들여 시장조사를 하거나 보고서를 잔뜩 만들 필요가 없다. 대부분 상식과 비전만 있으면 충분하다.

넷, 행복하지 않게 시간을 보내기에는 인생은 너무 짧다.

다섯, 우리는 인생의 80퍼센트를 일하면서 보낸다. 왜 우린 퇴근 후 재미를 찾으려 하는데 왜 직장에서 재미있으면 안 되는가?

여섯, 내게 사업은 멋진 신사복을 입는 것이다. 주주들을 즐겁게 하는 것과는 관계가 없다.

일곱, 나의 사업철학은 내게 조금이라도 돈이 있다면 방치하지 않고 모험적 영역에 투자하는 것이다.

여덟, 가장 값싸게 하는 방법이나 가장 빠르게 하는 방법을 생각하지 마라. 가장 훌륭하게 하는 방법을 생각하라.

아홉, 복잡함은 당신의 적이다. 어떤 바보도 무언가를 복잡하게 만들 수 있다. 단순하게 만드는 것이 정말 어렵다.

열, 사업의 기회는 버스와도 같다. 한 대를 놓치면 또 다른 버스가 오게 마련이다.

주변 사람들이 리처드 브랜슨 회장에게 물었다. "이제는 은퇴해서 쉴 때도 되지 않았습니까?" 그는 "그럼 이제는 나보고 뭘 하고 놀란 말이오."라고 대답했다고 한다.

평소 그의 생활철학처럼 그에게 사업은 새로운 것을 발견하고 즐거운 일을 찾는 일종의 놀이였다. 새로운 분야를 개척하고 이 세상에 없던 일을 만들어내는 것 자체가 그에게는 커다란 즐거움이자 그를 지탱해준 에너지원이었다. 그래서 그는 지금 하고 있는 일에서 벗어나는 것은 휴식이 아니라 오히려 징벌로 받아들일 수밖에 없었을 것이다.

일부 외국 사례에서 보듯이 기업 최고책임자로 있다가 평사원으로 변신하여 그의 노하우를 후배들에게 전수하면서 건강한 삶을 지속하는 경우가 종종 있다. 일종의 전장에서 백의종군(白衣從軍)하는 셈이다.

자기가 하는 일을 진정 좋아하는 사람은 너무나 바빠 체면을 차리거나 점잔을 뺄 시간이 없다. 내가 하는 일에 자신이 있다면 이미지가 어떨지 걱정할 필요가 없는 것이다.

공자의 가르침 중에 "지지자불여호지자(知之者不如好之者) 호지자불여락지자(好之者不如樂之者)"라는 말이 있다. "지식을 갖고 있는 사람은 좋아하는 사람을 이길 수 없고, 좋아하는 사람은 즐기는 사람을 이길 수 없다."라는 뜻이다.

리처드 브랜슨처럼 일을 일로만 보지 않고 즐기는 대상으로 접근하고 문제를 풀어가는 사람을 누가 당할 수가 있겠는가? 일을 일로만 받아들이면 당연히 긴장감이 오고 때로는 압박과 스트레스가 동반된다. 그러나 일을 즐거움의 대상으로 생각하는 사람들은 긴장감을 오히려 즐기기 때문에 일에 대한 스트레스를 느끼지 못하게 된다.

왜냐하면 매듭을 풀어가면서 또 다른 즐거움을 맛보기 때문이다. 등산을 좋아하는 사람들이 산을 오르면서 여러 개의 봉우리를 넘어야 할 때가 있다. 오르고 내리기를 반복하면서 하나하나의 봉우리를 넘을 때는 무척 힘들고 포기하고 싶은 심정이지만 지나온 길을 뒤돌아보면서 눈 아래 펼쳐지는 봉우리를 감상할 때의 희열을 알고 있기 때문이다.

나 자신만의 규율로 컨트롤하면서 자신을 이끄는 셀프리더들은 스스로의 동력을 만들어 낸다. 일을 추진하다가 장애나 굴곡이 발생하게 되면 그 장애를 풀어가는 데서 재미를 느끼고, 막상 추진했던 일이 실패로 끝날지라도 그 실패에서 얻어지는 경험을 소중한 본인만의 재산으로 받아들이는 것이다.

오랫동안 버티고 잘하려면 일 자체를 즐기는 수밖에 없다. 성공한 사람들의 공통점은 그들이 하는 일을 즐기고 그 일 자체를 의무로 받아들이는 것이 아니라 그들의 삶의 일부로 생각한다는 점이다.

아무리 뛰어나다 해도 누구에게나 실패와 좌절이 있기 마련이다. 그러나 그들이 추진하던 일에서 얻어지는 일이라면 그 결과가 성공이든 실패든 그들에게는 하나의 과정에 지나지 않는다. 일을 하면서 즐기고 몰입했기 때문에 그 결과에는 너무 연연하지 않는다. 성공해도 자만하거나 허세 부리지 않고, 실패해도 낙담하거나 좌절하지 않는 이유이다.

살면서 매 순간순간 느끼는 일이지만 한 사람의 삶을 깊게 들여다 보면 부딪히는 일들이 어마어마하다. 일이든 관계든 즐겨야 그 모든 것들에 일희일비(一喜一悲)하지 않고 나 자신을 지켜낼 수 있다. 그 일을 즐기고 사랑할 수 있어야 진정으로 몰입할 수 있으며, 오래가고 멀리 갈 수 있다.

02 _셀프리더는 행동과 실행이 핵심역량이다

셀프리더십은 일반적으로 경영학에서 말하는 여타의 리더십과는 조금 다르다. 흔히 리더십은 "조직목표 달성을 위하여 조직 구성원들과 조화를 이뤄 팀워크의 향상을 이끌며 중장기 비전을 갖고 조직을 리드하는 행위"를 말한다.

그러나 셀프리더십은 '조직 구성원들을 상대로 행하는 리더십이 아니라, 본인 스스로 자기 자신을 관리하고 통제하면서 자율적으로 자신의 삶을 리드하는 행위 또는 자기를 극기해가는 과정'이라 할 수 있다. 그래서 어떤 학자는 "셀프리더십을 리더십 범주에 포함하는 것이 어색하다."라고 말한다.

그러나 셀프리더십은 당연 리더십의 범주이며, 리더십에서도 가장 근본이 되는 리더십이다. 그 이유는 자기 자신을 스스로 리드하는 것이 그렇게 쉽지 않기 때문이다. 따라서 리더 중에 셀프리더십이 부족한 사람은 애당초 리더의 자질이 충분치 않은 사람이며, 리더의 최고 덕목인 진정성이 결여된 지도자이다.

왜냐하면 닥치는 대로, 혹은 본능적으로 살아간다면 쉬울지 모르겠으나, 애덤 스미스가 말한 '공정한 관찰자'로 살아가거나 '수신제가(修身齊家)'를 하면서 자신을 똑바로 세우고 자신을 스스로 리드해간다는 것은 참으로 어려운 일이기 때문이다.

셀프리더십은 다른 어떤 유형의 리더십하고도 연관될 수밖에 없다. 어떠한 리더도 셀프리더십이 제대로 정립되지 않은 상태에서는 진정한 리더십을 발휘할 수 없기 때문이다.

설령 리더가 된다 해도 조직 구성원들로부터 신뢰와 존중을 받기 어려울 것이며 지속 가능하지도 않다. 진정성이 없는 셀프리더십은 오로지 과장되고 위선적이고 보여주기 식의 리더십이 되어 머지않아 거짓된 행동으로 밝혀질 수밖에 없기 때문이다.

셀프리더십을 지닌 셀프리더들은 자기 스스로가 동력을 만들어서 끊임없는 힘을 발휘하는 사람들이다. 일시적으로 위장된 행동을 하는 셀프리더들은 스스로 동력이 소진될 수밖에 없기 때문에 지속적인 리더십을 발휘할 수 없게 되는 것이다.

진정한 셀프리더는 남의 답으로 문제를 푸는 것이 아니라 자신 스스로가 문제를 풀어가는 사람들이다. 또한 남들로부터 받는 칭찬이나 인정에 의해서 보상받는 것이 아니라 스스로가 보상을 하는 '자기보상 (self-reward)' 시스템을 설정해 놓은 사람들이다. 물론 그 이면에 좋지 못한 결과에는 철저히 책임을 지고 그에 대한 '자기반성(self-reflection)'과 '자기처벌(self-punishment)' 시스템을 가지고 있다.

결국, 모든 리더십의 기본은 셀프리더십이 될 수밖에 없다. 진정한 리더는 본인은 물론이고 모든 구성원들이 셀프리더십을 제대로 발휘할 수 있도록 경영환경을 조성해주어야 한다. 그러한 리더십을 경영학에서는 '슈퍼리더십'이라고 칭한다.

현재의 기업조직의 형태나 경영환경에서 '슈퍼리더십'의 자질이 있는 리더를 원하는 이유이다. 대부분의 기업에서는 관리자의 평가 항목에 '구성원의 육성능력'이라는 요소가 있는데 그것이 바로 리더의 '슈퍼리더십' 자질을 평가하는 것이다.

필자는 리더십에 관련된 논문을 경영 관련 학회에 여러 차례 발표했으며, 학회에 발표된 여러 편의 논문을 바탕으로 박사학위 논문까지 작성하였다. 또한 2016년 봄에는 그러한 논문들을 정리하여 『셀프리더십과 조직성과의 관계연구』라는 경영학 이론서를 출간한 바 있다.

이 책에는 앞서 말한 내용들이 포함되어 있으며, 여러 기업에 종사하는 약 1천여 명의 설문 응답 자료를 바탕으로 실증연구 한 결과가 담겨 있다. 그 연구결과가 갖는 의미는 애초에 설정한 연구가설과 동일하게 '셀프리더십'이 '팀 성과'에 매우 높은 유의성이 있다는 것을 과학적으로 입증했다는 점이다.

이는 각자가 셀프리더십을 발휘하는 조직은 물론이고, 조직 내에서 팀원들이 셀프리더십을 발휘할 수 있도록 근무환경을 마련해주는 조직이 그렇지 못한 조직에 비해 월등히 높은 성과를 창출할 수 있다는 가설이 성립된 것이라고 볼 수 있다.

재미없는 이야기가 될 수 있지만 그래도 셀프리더십을 어떻게 향상시킬 수 있는지에 대해 몇 가지를 간단히 소개하고자 한다.

첫째, '자기관찰(self-observation)'이 있다. 이는 타인의 행동을 보면서 본인의 강점과 약점을 관찰하여 자신이 어떻게 변화해야 할지를 탐색하는 것이다.

둘째, '목표설정(self-setting goal)'인데, 이는 처리해야 할 일들의 우선순위를 정하고 스스로 목표를 설정하여 행동하고 실천하는 것이다.

셋째, '리허설(rehearsal)'이 있는데, 이는 업무수행 전에 예행연습을 해서 업무수행의 성공률과 효과성을 높이는 것이다. 준비를 철저히 하여 결정적인 순간에 그동안 준비한 것에 대해 최대한의 성과를 거두기 위해서는 반드시 사전점검과 반복된 연습이 필요한 것이다.

넷째, '자기보상(self-reward)'이 있다. 이는 목표한 일을 달성했을 때 개인적으로 가치 있는 보상을 자기 스스로에게 제공함으로써 일할 의욕을 북돋우는 것이다.

다섯째, '자기비판(self-punishment)'이 있는데, 이는 바람직하지 못한 일을 했을 때 자신에게 일정한 처벌이나 비판을 가함으로써 실수를 줄이는 것이다. 실수에 대해서는 누구보다도 본인이 스스로 그 이유를 잘 알고 있기 때문이다.

오랫동안 직장생활에서 터득한 나의 생활철학의 키워드이자 내 삶의 요체는 '셀프리더십'이었다. 나를 지키고 타의 모범이 되고자 애써왔고 그러한 행동이 진정으로 내 마음속에서 우러나오도록 계속해서 틈틈이 마음공부를 해오고 있다.

처음에는 그런 행동들이 나의 아집이나 독선에서 나온 행동처럼 보였기에 사회생활에서는 다소 걸림돌이 되기도 하였지만 이제는 '셀프리더십'이 나를 지키는 방어기제가 되었다.

이제부터라도 당신의 행동 원칙에도 셀프리더십을 심어보기를 적극

권장한다. 셀프리더십의 정신은 직장생활을 하는 사람이든 자영업을 하는 사람이든 누구에게나 후회 없는 삶의 기반을 마련해줄 것이라고 필자는 확신하는 바이다.

03 _셀프리더는 솔직하되 솔선수범한다

하이에크의 '지식의 가장(pretence of knowledge) 이론'이 있다. 인간이 얼마나 자기 기만에 빠지기 쉽고 오류를 범하기 쉬운 존재인지를 나타내는 이론이다.

본문 내용중 이론에 대한 쉬운 예로 다음과 같은 글을 읽어본 적이 있다. "우주는 수많은 점들로 가득 차 있다. 그중 몇 개를 잘 이으면 무엇이든 그릴 수 있다. 그런데 보통은 자신이 선택한 점들만으로 그림을 그리고는 자신이 가장 예쁜 그림을 그렸다고 크게 기뻐한다. 그러나 사실 나머지 점들로도 그보다 더 멋진 그림을 그릴 수 있다는 사실은 안중에도 없다. 우리는 너무나 자주 이런 오류에 빠진다."

경제학의 아버지로 불리는 국부론 저자 애덤 스미스도 말했다. "나의 연구도 그렇지만 경제 정책 중 논쟁이 되는 부분을 완벽하게 뒷받침하는 연구결과는 사실상 존재하지 않는다."라고 했다.

이렇듯 자신도 의식하지 못한 채 본인이 오류를 범하는 일이 세상에는 얼마든지 있다. 단, 그 일이 정말로 중요하고 파급력이 있는 일이라면 애덤 스미스가 고백했던 것처럼 솔직하게 밝히고 평가를 받는 것이 어느 누구에게라도 신뢰를 얻는 길이다.

과거 제너럴일렉트릭(GE) 회장을 지냈던 잭 웰치는 엄청난 시대 변화에도 흔들림 없이 21년간 회사를 지탱하며 GE를 초우량기업으로 만들었는데 그는 자신의 저서 『끝없는 도전과 용기』에서 성공하는 리더십을 위한 7가지 원칙을 아래와 같이 제시하였다. 전체 맥락은 "솔직하되 자기를 변화시키며, 솔선수범(率先垂範)하라"는 것이다.

하나, 당신의 운명을 지배하라. 그렇지 않으면 다른 사람이 당신의 운명을 지배하게 된다.

둘, 현실을 그대로 직시해야 한다.

셋, 당신이 바라는 모습으로 현실을 왜곡하여 해석하지 마라.

넷, 누구에게나 솔직하게 대하라.

다섯, 조정하지 말고 인도하라.

여섯, 환경이 당신을 변화시키기 전에 먼저 변하라.

일곱, 경쟁우위에 있지 않으면 경쟁하지 마라.

상기 리더십의 원칙은 셀프리더십의 특성과도 일맥상통하다. 역시 성공하는 리더가 되려면 우선 본인에게 스스로 엄격한 잣대를 제시하고 자기규제를 철저히 행하여야 한다.

남아프리카공화국 전 대통령 넬슨 만델라의 자서전에 "훌륭한 리더는 위험이 있을 때 앞장서지만 축하받을 일이 있을 때에는 뒷전에 서야 한다. 또한 주변 사람들의 협력을 원한다면 그들이 스스로 중요한 사람으로 느끼게 만들어라. 그리고 겸손해라."라고 씌어 있다.

리더는 다른 사람들의 힘을 빌려 탁월한 성과를 창출하는 사람이다. 지위와 권력만으로 사람을 움직이는 시대는 지났다. 존중, 배려, 겸손, 솔선수범, 책임, 헌신 등 바람직한 영향력이 쌓이고 쌓여야만 비로소 사람들의 마음을 얻을 수 있다.

우주 만물의 근원은 '나'로부터 비롯된다. 진정한 셀프리더는 본인의 타고난 천성만으로 될 수 없다. 부단히 노력하고 자기 자신을 단련시켜 '올바른 기운'이 몸속에 흡수되어 기본 성품으로 내재되어야 한다.

조직을 운영하는 데 가장 중요한 요인은 바로 '리더십'이다. 리더십에 대하여는 지금까지 수많은 이론과 사례가 있다. 그래도 항상 어딘가는 조금 부족하고 모자람이 느껴지는 것이 사실이다. 더욱이 문제 있는 조직의 부실원인을 진단해보면 첫번째 원인이 '리더십 부재'이다.

그래서 종종 자성의 목소리로 "리더는 많지만 조직 구성원들로부터 신뢰를 받으며 조직을 성공적으로 이끄는 리더는 그리 많지 않다."는 것으로 결론이 난다.

미국에서 발행되는 리더십 전문지인 '리더십 엑설런스(Leadership Excellence)'에는 잭 웰치, 스티븐 코비, 짐 콜린스, 톰 피터스 등 세계적 경영 대가들이 공동으로 연재하는 코너가 있다. 바로 '세계적인 CEO들의 지혜(The Global CEO's Wisdom: Guru Insight)'라는 코너인데 여기서 그들의 탁월한 기업경영의 지혜를 엿볼 수 있다.

그 코너에서 "조직의 성공을 이끌어내는 리더에게는 반드시 핵심경쟁력이 있는데 그 경쟁력은 무엇인가?"라는 물음에 대한 경영 대가들의 답은 열정, 결단력, 추진력, 혁신, 긍정, 헌신, 배려 등 7가지이다. 열정과 긍정을 자산으로 결단하고 추진하되, 조직에 헌신하고 배려하는 리더만이 성공할 수 있다는 명쾌한 답에서 리더십의 본질을 깨닫는다.

그러나 그 이면에 숨어있는 가장 큰 핵심가치는 '솔직함과 솔선수범' 정신이다. 이 세상에서 솔직함보다 강한 방패는 없다. 단, 솔직함이 오히려 남을 해치는 칼이 되어서는 안 되며, 솔직함에는 현명함과 지혜가 담겨 있어야 한다. 일을 추진함에 있어 방향성을 그르치거나 어느 누구에게도 득이 되지 않는 일에 대해 있는 그대로 모든 것을 떠벌리는 것은 솔직함이라기보다는 지혜롭지 못한 행동으로밖에 비치지 않는다.

다음으로는 리더의 솔선수범 자세이다. 뛰어난 리더들은 솔선수범하는 자세로 조직에 영감과 동기를 불어넣는다. 말로만 하는 것이 아니라 실제 행동으로 구성원들이 일의 목적과 의미를 알 수 있도록 알려준다. 그렇게 함으로써 조직 구성원들은 리더의 배려에 감동한다. 특히, 조직 구성원들이 싫어하고 어려운 일을 리더가 먼저 나서서 앞장설 때 그 이상의 리더십교육이 필요 없다. 솔선수범하는 리더 뒤에는 항상 든든한 지원군이 있기 마련이다. '나를 따르라' 말하지 않고 '같이 가자'라고 말하기 때문이다.

직장에서도 보통 리더들의 타입은 두 가지로 구분된다. 하나는 본인의 '파워(힘)'만을 믿고 리더십을 발휘하려고 하는 사람이고 다른 하나는 '패밀리'형 리더십을 발휘하는 사람이다.

초기에 파워형 리더는 일사천리로 업무를 추진하고 어느 정도 성과를 낸다. 문제는 그런 리더십이 지속 가능한가이다. 어느 순간 그 파워에 손상을 입었을 때 조직 자체가 방향성을 잃으면서 급격히 흔들릴 수 있기 때문이다. 조직 내의 권력구조 영향으로 얻어지는 힘은 언제까지나 꾸준히 지속되지 못하는 특성이 있다. 반면 패밀리형 리더는 소통의 리더십을 펼치기 때문에 업무추진 속도는 다소 늦더라도 꾸준한 성과를 창출하게 된다.

특히, 요즈음처럼 수평적 조직에서 중요한 점은 조직 내 '정보공유'이다. 일부 사람들만이 정보를 독점하여 창출한 성과는 얼마 가지 않아 한계에 부딪힐 뿐 아니라 대다수의 구성원들에게 박탈감을 심어 주어 조직 전체가 빠르게 쇠퇴할 수 있다.

어느 조직의 리더가 된다는 것은 막중한 책임을 짊어지게 되는 것이다. 리더의 입장에서 생각하고 판단하고 결정하는 것은 리더 개인의 영역이지만, 그로 인해 파급되는 영향은 그 조직의 성패를 좌우하는 중요한 요소가 된다. 또한 전체 구성원들에게 돌아가는 몫이 정해지는 문제이기 때문에 결코 리더 한 사람의 문제만으로 그치지 않는다.

그래서 올바른 리더가 되기 위해서는 지덕체(智德體)를 고루 갖추어야 하지만, 그중에서도 덕(德)이 가장 핵심이다. 리더에 있어 덕의 요소라면 무엇보다 '솔직함과 솔선수범'이 으뜸이 될 수밖에 없다. 바로 그 요소가 셀프리더십의 핵심이기도 하며, 리더의 자리에 있는 사람들이 먼저 셀프리더가 되어야 하는 이유이기도 하다.

04 _셀프리더는 존중과 배려를 우선한다

'경천애인'은 하늘을 숭배하고 인간을 사랑하라는 뜻이다. 과거 김대중 전 대통령께서 자주 인용한 말이다. 하늘을 떠받듯이 국민을 섬기겠다는 김대중 대통령의 다짐인 셈이다.

우리 민족은 태초로부터 경천애인, 홍익인간을 가르치며 하나님을 경배하던 민족이었다. 즉 자연의 섭리를 이해할 줄 알고 모든 사람들이 서로에게 따뜻하게 대하며 사랑하라는 메시지이다.

세상을 움직이는 원동력은 다름 아닌 인간과 인간이 중심이 되어 형성되는 '관계의 질'에서 나온다고 말할 수 있다. 사회 구성단위의 기초인 가정에서는 부모로서의 역할, 자녀로서의 역할, 부부로서의 역할이 '가족관계의 질'을 결정하게 된다. 각자의 역할이 제대로 수행될 때 사랑과 믿음이 싹트고 서로의 역할을 인정해주고 격려해줄 때 비로소 가정의 행복을 이룰 수 있다.

마찬가지로 직장에서도 부하로서 상사로서 동료로서 역할이 조직 내 '관계의 질'을 결정하며 그 관계의 질에 비례하여 업무성과를 창출할 수 있다. 조직 내 구성원들 간의 관계의 질이 높을 때 비로소 조직 목표를 달성할 수 있는 토대가 마련된다.

가정과 직장을 떠나서도 '관계의 질'의 중요성은 아무리 강조해도 지나치지 않는다. 인간관계의 질은 항상 상대가 있기 마련이라서 내가 하기 나름이다. 나 스스로가 상대방을 진심으로 존중하고 배려하는 마음으로 대할 때 관계의 질이 그만큼 높아지게 된다.

경천애인은 하늘을 숭배하듯 '효'를 다하여 부모님을 모시고 자식은 '사랑'으로 대하여 따뜻한 가정을 이루고, 모든 관계의 위아래를 가정에서 그러하듯이 대하라는 의미이다.

결국 모든 관계의 주체는 '나'로부터 시작된다. 나 자신을 바로 세우지 않고서는 상대와의 관계를 원만하게 지속할 수 없다. 설령 관계를 맺는다 해도 진정성이 결여되면 오래가지 않아 금이 생기기 마련이다.

누구에게나 삶의 목적은 행복추구이다. 사실 행복의 원천은 다른 사람과의 관계에서 나오는 것이며, 더 깊게 접근한다면 모든 관계는 '나' 자신으로부터 시작되는 것이다. 나 자신을 사랑하며 존중할 수 있을 때 비로소 상대를 존중하고 사랑할 수 있게 된다.

그러한 관점에서 보면 나 자신을 주체적으로 관리하는 힘, 즉 '셀프리더십'의 역량은 개인의 경쟁력이자 행복의 원천이 되는 셈이다. 그러고 보면 셀프리더십은 어느 한정된 조직이나 특정한 사람들에게만 적용되는 것이 아니라 어느 누구라도 어떠한 역할을 수행하든 그 역할을 빛나게 할 수 있는 에너지원이자 생활철학의 기본이 되는 셈이다.

상대를 이해시키며 변화시키는 힘은 '권력'도 아니며 '애원'이나 '읍소'도 아니다. 다름 아닌 '자신의 태도와 마음가짐'이다. 남을 변화시키기를 원하면, 그 상대가 변화될 때까지 기다리는 것이 아니라 내가 먼저 변화하면 된다.

올바르지 않은 리더를 따르는 자는 없다. 설령 조직생리 차원에서 이해관계가 작동되어 일시적으로는 따를지라도 지속가능하지는 않는다. 또한 그러한 리더는 구성원들의 마음을 살 수가 없기 때문에 무리한 행동을 하게 되고 결국 그러한 행동이 반복되어 오히려 조직의 목표를 그르치게 만든다.

리더의 행동이 올바르면 굳이 명령하지 않아도 따르게 되어있다. 리더 자신이 먼저 실천하고 행동하면 말하지 않아도 조직 구성원들이 리더를 따를 수밖에 없을 뿐 아니라 그 이상으로 실천 가능한 환경이 조성되는 것이다.

가정에서도 마찬가지이다. 아무리 부모가 좋은 말을 하고 올바른 길을 권고하더라도 자식들은 부모의 뜻을 잘 따르지 않는다. 오직 평소 보고 듣고 했던 부모의 행실(行實)만 남아 자식의 뇌리에 박힐 뿐이다. 부모가 행동하고 실천하는 모든 것들이 진정한 자식 교육이 되는 것이지 말로써 변화를 이끄는 것은 한계가 있기 마련이다.

조선의 선비정신은 유교사상이 바탕이 되었기에 우리 선조들의 인본주의 정신은 2,500년 전부터 뿌리내려 검증된 사상이론이라 할 수 있다.

유교의 근본정신은 '인(仁)'이다. 한자의 뜻은 '어질 인'이지만 자세히 관찰해보면 사람 인(人)과 두 이(二)가 합성된 것이다. 우주의 모든 원리가 '사람'에 근본을 두고 있으며 나아가서는 서로 간의 관계에 있다는 것을 알 수 있다. 즉 자신을 귀하게 여기되 내 주변의 모든 사람들을 이해하고 사랑하는 마음을 간직해야만 '인(仁)'을 실천할 수 있다.

세상의 생성원리는 돌고 도는 '피드백시스템' 사고에서 움직인다. 입력요소에 의해서 출력된 결과가 변하고, 출력 결과에 따라 입력요소가 변한다. "콩 심은 데 콩 나고 팥 심은 데 팥 난다."는 속담도 마찬가지이다. 어느 하나 따로 떨어져 있지 않다. 넓게 보면 불교의 윤회사상(輪廻思想) 역시 돌고 돌며 생사를 거듭하는 '피드백시스템' 사고이다.

셀프리더십을 발휘해서 나 자신에게 긍정의 에너지를 심어주면 내 주변에 있는 모든 사람들은 행복바이러스에 감염되게 되어있다. 항상 상대를 존경하고 상대의 입장에 서서 이해하며 생각해야 된다. 그런 생활이 일상이 된다면 그것이야말로 곧 '경천애인'의 사상을 실천하면서 살아가는 모습이 된다.

넘치지도 않고 모자라지도 않게 생활의 균형을 유지하며, 비전과 목표를 설정하여 끊임없이 성장하는 사람은 언제나 겸손하고 신중하다. 솜털처럼 가볍지도 않고 목석처럼 답답하지 않은 그런 사람이 바로 '셀프리더십'을 발휘하기에 충분한 사람이다.

얼마 전에 시행된 '부정청탁 및 금품 수수 등 금지에 관한 법률', 일명 '김영란법'은 가진 자가 더 가지려는 잘못된 관행을 타파해보자 하는 우리 사회의 공감대가 형성되어 나온 것이다. 과거 유럽사회에서 사회 관습으로 된 '노블레스 오블리주'의 실천이 우리 사회에서는 비록 법의 힘을 빌려 시작되었지만 그것마저도 참으로 다행스럽다.

지금은 시행 초기라서 혼란스러운 면도 있지만 시간이 흘러 우리 사회가 그것을 받아들이고, 문화로 정착이 된다면 향후 우리 사회는 윤리적으로나 도덕적으로 한층 발전하고 성숙해질 것이라고 믿는다.

지금 우리 사회는 선진사회로 진일보하기 위한 과도기에 서 있다. 이 럴 때일수록 기득권층에 있는 사람들이 먼저 의식을 전환하고 솔선수 범한다면 그 효과는 배가 될 것이며, 그만큼 우리 사회의 행복지수도 높 아지리라 본다.

05 _셀프리더는 경(敬)철학을 실천한다

고대 로마가 세계의 맹주로서 500년의 역사를 가질 수 있었던 이유는 노블레스(noblesse, 명예) 오블리주(oblige, 의무)의 정신이 있었기 때문이다. 고대 로마시대 귀족들의 솔선수범 정신이다.

노블레스 오블리주란 높은 사회적 신분에 상응하는 도덕적 의무를 말한다. 모든 부, 권력, 명성에는 그에 대한 사회적 책임과 도덕적 의무가 뒤따른다. 역사적인 사례로 로마의 귀족들은 본인들의 사회적 책임을 실현하기 위해 전쟁터에 먼저 지원하여 기꺼이 목숨을 바쳤다. 이런 연유로 로마제국이 멸망하기 전에 귀족 모임인 '원로원' 회원 수가 가장 번성했던 시기와 비교하면 15퍼센트 정도밖에 되지 않았다.

과거 우리들의 조상인 조선의 선비들도 항상 나 자신보다는 상대를 생각하는 정신을 최우선시하였다. 선비들의 생활철학의 기본에는 늘 '지금 여기에서'의 정신이 있었다. 선비들은 자기의 내면에 깃든 도덕적 기준을 최선을 다해 실현하는 충실함과 더불어 내 마음을 미루어 다른 사람의 마음을 헤아릴 줄 아는 여유와 배려를 갖춘 인격체로 거듭나기 위해서 항상 자신의 마음을 다스리곤 하였다. 그런 의미에서 조선의 선비들은 날마다 스스로 수양하는 인격적 성실함과 더불어 남을 배려할 줄 아는 '황금률(gold rule)'을 실천하는 리더들이었다.

'황금률'이란 "남에게 대접을 받고자 하는 대로 너희도 남에게 대접하라"라는 예수의 가르침으로 그리스도교의 윤리관을 가장 잘 표현하는 말이다. 그 말을 사용한 기원은 정확히 알 수 없으나, 3세기의 로마 황제 세베루스 알렉산드르가 이 문장을 금으로 써서 거실 벽에 붙인 데에서 유래한 것으로 알려져 있다.

조선의 선비들은 늘 최선을 다하는 성실함과 남을 배려하는 인격적 여유를 지니며, 항상 자기 자신의 개체적 자아에 갇히지 않도록 노력하였다. 또한, 조선의 선비는 일개 개인으로 살아가기보다는 공동체의 일원이라는 점을 의식하면서 활동하였다. 그래서 선비가 행동하고 생각하는 것은 언제나 개인의 이익이 아니라 공동체의 보편적 가치를 먼저 구(求)하였다.

임진왜란 당시 영의정을 지낸 류성룡 선생은 여러 사람들의 반대에도 불구하고 이순신을 발탁하여 미래를 대비하였다. 선비들의 이러한 행동을 가능케 했던 핵심적 원동력은 공동체가 위기에 직면할 때마다 기꺼이 목숨을 던져 이를 구하는 데 앞장서게 했던 '견위수명(見危授命)'과 '선공후사(先公後私)'의 정신이 있었기 때문이다.

나라의 위태로운 지경을 보고 기꺼이 목숨을 바쳐 나라를 위해 싸우는 정신인 '견위수명'과 공적인 일을 먼저하고 사사로운 일을 뒤로 미룬다는 뜻의 '선공후사'의 정신이야말로 우리 조상들의 '노블레스 오블리주' 정신이 아니겠는가?

"부자가 천당 가는 것은 낙타가 바늘구멍으로 들어가기보다 어렵다." 또는 "3대 이어가는 부자 없다."라는 옛말이 있다. 그러나 경주 최부잣

집 이야기는 이를 반박이라도 하듯 12대 400년 동안 만석꾼을 이어왔다. 또한 경주 최부잣집은 오랜 세월 만석꾼의 부를 이어오면서 9대 진사를 배출한 동양에서의 '노블레스 오블리주'를 실천한 명문가이다.

경주 최부잣집이 오랫동안 명문 가문을 세울 수 있었던 이유는 자신을 스스로 낮추고 남에게 베푸는 선비정신과 자신을 끊임없이 깨우고 단련시키며 자기의 본질을 깨우치는 배움의 자세를 쌓아 자자손손 경(敬)의 가치를 몸에 익히고 실천하였기 때문이다.

우리 민족의 정신적 바탕인 유교 문화는 인간관계의 유대(紐帶)를 위한 도덕규범의 정립과 인격의 이상적 실현을 목표로 삼았다. 특히, 공동체 의식이 강했으며, 그 속에서 각자는 극기를 실현하면서 자신을 낮추되 남을 먼저 배려하는 의식을 강조하였다. 그래서 조선의 선비들의 공부는 자신의 인격수양을 위하여 학문을 한다는 뜻으로 '위기지학(爲己之學)'에 치중되었다.

자기 자신부터 치열하게 갈고 닦는 수기(修己)를 하고 다른 사람을 편안하게 하며, 이웃과 백성을 감화시키는 치인(治人)의 단계로 나아갔다. 이를 조선시대 선비들의 정신적 지주였던 '경(敬)'철학이라 할 수 있다.

'경'은 자신의 인격을 닦는 수신(修身)에서 시작한다. 진정한 리더십을 발휘하기 위해서는 존경받을 수 있는 인격을 먼저 갖추어야 한다. 또한 대학 실천 철학인 수신제가(修身齊家)를 이룰 수 있어야만 치국(治國)할 수 있다는 것이다. 여기서 치국은 나라를 다스리는 것만이 아니라 업으로 하고 있는 모든 일을 말한다. 직장에서 자신의 업무에 최선을 다하여 업무목표를 달성하는 것 또한 치국에 해당하는 것이다.

자신의 일만 중요하고, 자신의 일만 힘든 일이라고 생각하기보다는 남이 하는 일도 존중할 줄 알아야 한다. 그리고 그 마음을 칭찬으로 나타내면 상대가 보람을 느끼고 더욱 열심히 하게 된다. 익히 듣는 상부상조(相扶相助)는 일방적인 베풂이 아니라 서로에게 오가는 나눔이고 봉사다.

우리의 정신적인 뿌리라고 할 수 있는 동양의 유교사상을 면면히 곱씹어보면 셀프리더십(self-leadership)은 일찍이 조선의 선비들인 우리 조상들께서 실천한 행동철학인 셈이다. 리더십의 하나의 유형으로 자리 잡은 셀프리더십을 경영학 이론으로 정립한 것은 90년대 미국에서 시작되었다고 하지만, 사실 셀프리더십의 근본 사상은 동양의 유교사상에서 비롯되었다고 보는 것이 타당하다. 물론 이 논리는 순전히 필자의 주장임을 밝혀둔다.

자신을 스스로 다스리기 위한 선조들의 생활철학인 수신제가(修身齊家), 박기후인(薄己厚人), 견위수명(見危授命), 선공후사(先公後私), 경(敬)의 사상까지 모두가 내 안에 나를 다스리고 규율하여 세상을 밝게 하는 동양철학의 핵심사상이다.

"내가 곧 우주다."라는 사상은 불교, 유교, 기독교까지 어느 종교에서도 인정하는 기본 사상이다. 모든 행복과 불행의 근원이 나에게서 비롯된다는 말은 부정할 수 없는 사실이고, 너무나 당연한 삶의 이치다.

나의 본능을 이기는 '극기'의 완성은 인간으로서 '성인'의 반열에 들어간다는 말이나 다름없다. 그만큼 쉽지 않은 일이다. 그러나 나를 다스리지 못한다면 할 수 있는 일은 없다. 끊임없이 사고하고 반성하면서 자신을 뒤돌아보는 것은 나를 다스리기 위한 전제이다.

"사람은 생각하는 동물이다." 사고(思考)하지 않고 본능으로만 행동하고 반응한다면 동물과 다를 바가 뭐가 있겠는가? 생각하지 않고 살아가면 사는 대로 생각하게 된다. 눈앞에 보이는 이익만 좇아 하루하루를 살아가면서 삶의 가치를 찾는다는 것은 여간 쉽지 않은 일이다. 그러나 가끔은 우리 사전에 내일이 존재하지 않는 것처럼 오늘을 막 사는 사람들도 있다. 그것은 바로 생각하며 살지 않고 사는 대로 생각한 결과이다.

06 _셀프리더는 셀프파워를 만들어낸다

셀프리더십이란 업무를 추진하기 위한 덕목만이 아니라 일상생활을 하는 모든 사람들에게 필요한 덕목이다. 요즈음에 '자율경영'이라는 용어가 자주 등장한다. 과거 수직적 조직체계에서 수평적 조직체계로의 전환이 더욱더 '자율'을 중시하게 만든 환경적 변화가 되었다. 심리학적으로도 인간의 본성은 남으로부터 통제받기를 싫어한다.

즉 지속가능하게 효과를 발휘하기 위해서는 자율, 즉 '셀프(self)'라는 요소가 실행되어야 한다. 그럼 그 '자율'을 어떻게 끄집어낼 것인가? 바로 그것은 주체적 사고를 중시하는 셀프리더들의 핵심적 자질인 '셀프파워'가 답이 된다.

셀프파워가 도출되는 과정을 시스템 다이내믹스(system dynamics) 관점에서 본다면 선순환(先循環) 피드백 루프(feedback loop)가 돌고 있다고 정의할 수 있다. 따라서 셀프파워의 생성원리를 '피드백 루프' 개념으로 보면 쉽게 이해할 수 있다.

"셀프리더십 증진→자존감 향상→동료 및 주변 사람들의 긍정심리 작용→조직 분위기 향상→조직성과 창출→기업성장→보상시행→만족도 증가→행복추구→삶의 질 향상→셀프리더십 촉진→셀프파워 강화"의 구조를 '셀프파워 선순환 피드백 루프'라고 정의할 수 있고, 이러한 루프가 반복되면서 자기강화가 되는 것이다. 물론 위에서 언급한 '셀프파워 선순환 피드백 루프' 역시 필자의 주장임을 밝혀둔다.

전 세계 최고의 리더십 전문가이자 베스트셀러 작가인 존 맥스웰(John C. Maxwell)의 저서 『리더십 골드(Leadership Gold)』에서 리더들의 특징과 사고에 대하여 아래와 같이 정리하였다.

첫째, 보스(boss)는 '가라!'라고 말하지만, 리더는 '가자'라고 말한다.

둘째, 위대한 리더는 책임을 질 때를 제외하고는 어떤 경우에도 추종자들보다 자신을 더 높은 곳에 두지 않는다.

셋째, 리더는 불안감을 떨쳐내야 한다. 사소한 것에 연연하지 말고, 질투심을 버려야 한다. 그래야 다른 사람들이 가까이 다가갈 수 있다.

넷째, 리더는 끊임없이 본인의 마음을 다스리며 자율규제를 한다. 우리들은 역사에서 언급되는 뛰어난 리더들을 간혹 떠올리며, 그들은 모든 능력을 갖추었을 거라고 생각한다. 하지만 그들의 삶을 면면히 살펴보면, 그들도 마음을 다잡기 위해 몸부림치며 노력했다는 걸 확인할 수 있다. 다윗 왕, 조지 워싱턴, 윈스턴 처칠 등 누구도 예외는 없었다.

다섯째, 올바른 길로 인도하기에 가장 힘든 사람은 언제나 리더 자신이다.

여섯째, 우리는 항상 적을 만나고, 그 적이 우리 안에 있다는 점을 간과하지 않는다.

일반적으로 사람들은 자신을 제외하고 세상의 모든 사람을 평가하려고 한다. 어쩌면 그것이 인간의 자연적인 본성인 듯하다. 그래서 "내가 가장 먼저 알아야 할 사람은 나 자신이다."라는 '거울의 법칙'이 성립된 이유도 여기에 있다. 우리가 자신을 사실적으로 직시하지 않으면 개인적인 문제가 어디에 있는지 정확히 파악할 수 없다. 또한 개인적인 문제를 직시하지 못하면 우리 자신을 올바른 길로 인도할 수도 없다.

리더십의 본질이 '나' 자신에게 있다는 것을 제대로 인식하는 것과 나를 어떻게 규율하느냐에 따라 리더십의 역량이 달라질 수 있다. 참된 리더십이란 먼저 '나' 자신을 올바르게 세운 다음 조직의 목표를 달성하기 위해 구성원들의 협력을 이끌어내 구성원들과 같이 가는 것이라고 할 수 있다.

그러나 셀프리더십에는 불편한 진실이 있다. 사람들은 진정 자신의 모습을 발견하고 자기 스스로에 대해 진실을 알아야 하지만, 자기에 대해 진실을 듣기를 원하지는 않는다. 대다수 사람들이 본인에 대하여 또한 현실에 대하여 직시하고 싶어 하지 않는다. 따라서 리더의 역할 중 '코칭과 피드백'은 매우 중요한 요소이다.

남으로부터 코칭과 피드백은 받을 수 있어도, 그보다 더 중요한 자신 스스로에게 '코칭과 피드백'을 적용하기란 매우 어렵다. 막상 한다고 해도 필연적으로 자신의 판단에 오류가 발생할 수밖에 없기 때문이다. 그래서 타인의 도움을 받아 본인 스스로를 점검하고 재조정해보는 과정은 반드시 필요하다.

자동차와 악기는 일정 주기로 튜닝(tuning)이 필요하다. 사용하다 보면 당초 설정된 표준 값에서 벗어나 정상적인 기능을 할 수 없게 되어 원래 표준 값으로 바로잡는 것이다. 사람도 마찬가지이다. 어떤 계기가 있어서든 혹은 스스로 마음을 새롭게 정하든 당초 다잡은 마음대로 끝까지

하나의 길만 유지하는 사람은 많지 않다.

수시로 마음점검을 하여 흔들렸다고 판단될 경우는 당초 마음으로 돌아가기 위한 별도의 실천이 필요하다. 외부 강연을 듣거나 책을 통해 간접 피드백을 받는 것도 좋은 수단이 된다. 특히, 자신이 리더 역할을 하고 있다면 구성원들에게 수시로 코칭과 피드백을 해주되 상대의 강점은 강점대로 살려주며 약점은 스스로 보완할 수 있도록 유도해야 한다.

2015년 세계에서 가장 영향력 있는 리더십 사상가 1위로 뽑힌 마셜 골드스미스는 자신의 책 『트리거(Triggers)』에서 "'내가 원하는 진짜 내가 되는 법'이란 과제를 해결하는 능력을 어떻게 하면 키울 수 있을까?"라는 질문에 답을 내놓고 있다. 그는 바로 우리가 깨어 있는 매 순간 우리를 바꿀 수 있는 사람, 사건, 환경이 변화의 '트리거'를 만드는 것이라 말하고 있다.

'트리거'란 우리의 생각과 행동을 바꾸는 심리적 자극을 말한다. 그것은 야망을 북돋워 주어 인생을 180도 변하게 하는 선생님의 칭찬처럼 유쾌한 것일 수도 있고, 다이어트를 포기하도록 유혹하는 아이스크림이나 혹은 내가 뭔가 잘못된 일을 하고 있는 게 아닌가 하는 주변으로부터의 따가운 시선일 수도 있다.

인간에게는 귀소본능이 있듯이 다짐했던 마음도 얼마 지나지 않아 원래의 상태로 돌아가곤 한다. 왜냐하면 오랫동안 습관화되어 내 몸에 맞추어져 있기에 자신도 모르게 옛날 방식을 찾게 된다. 그러므로 대부분 사람들은 익숙함과 변화라는 두 가지 키워드를 놓고 항상 마음속에서 갈등을 겪는다.

그러나 익숙함에 손을 들어준다면 더 이상 발전을 기대하기 어렵다. 나의 비전을 실현하고 목표를 달성하기 위해서 변화는 불가피하다. 문제는 자신 스스로가 끊임없는 변화를 계속해서 추구하기가 매우 어렵다는 것이다. 바로 이 점에 있어서 우리는 '트리거'가 필요하다.

이러한 변화에 있어 트리거는 충동, 자각, 선택, 행동으로 이어지는 실행의 순환 고리를 만든다. 개인이든 조직이든 변화와 실행이라는 이 두 가지 행동 기준은 항상 고민거리이다. 하지만 무엇을 하든 꾸준하게 할 수 있는 시스템을 만드는 것이 무엇보다 필요하다.

당신의 삶에는 어떠한 '트리거'가 있는가? 흔들리지 않고 지속가능한 성장을 원한다면 독자 여러분도 앞서 말한 '셀프파워 선순환 피드백 루프'를 당신의 '트리거로 삼아보기 바란다. '셀프파워 선순환 피드백 루프'에는 긍정적 사고로 자존감을 향상시키는 셀프리더십이 핵심이다. 지금 당장 변화하고 싶다면 우선 여러분의 마음속에 있는 셀프리더십의 잠재 역량을 최대한 발휘해 보기를 권한다.

07 _셀프리더는 비전과 희망을 노래한다

문뜩 지난날의 삶을 뒤돌아보면 내 인생의 발자취가 과거에 내가 그려왔던 인생의 스케치대로 펼쳐지고 있는 것을 발견하곤 한다. 젊은 시절에는 방황하면서도 많은 꿈을 그려 보았다. 그 꿈을 과연 전부 이룰 수 있을지 의문이 들고 부정적인 마음이 있기도 했다. 하지만 긴 세월이 지난 지금에 와서 생각해보면, 내 삶은 그때 내가 꿈꾸었던 그림과 아주 유사하다.

그동안 수없이 많은 시행착오와 낙담, 실패, 좌절 등을 거치면서도 포기하지 않고 지금의 삶을 유지할 수 있었던 비결은 바로 내가 이루고자 희망하는 꿈이 있었기 때문이다. 물론 그동안의 나의 인생 항로가 마냥 순탄한 여정만은 아니었다. 덩굴 숲속을 헤매다 길을 잃어버리기도 했다. 그러나 목표지점이 있었기에 잔가지를 잘라내고 오솔길을 내면서 걸어왔다.

때로는 당초 내 인생의 그림 속에 있었던 큰 나무를 베어내야만 하는 아픔과 시련도 있었다. 그렇지만 그 자리에 세월의 힘을 믿고 작으나마 다른 나무를 심었다. 다행히도 그 나무들이 무럭무럭 자라서 과거에 그려놓았던 내 인생의 그림보다 더욱 풍성한 내 삶의 숲에서 살아 숨 쉬고 있는 나를 발견하게 된다.

망망대해에 등대가 없다면 조타수가 배의 조종간을 어디로 돌릴 수가 있겠는가? 생각이 깊어지면 깊어질수록 그 생각의 핵심이 보인다. 그 핵심이 바로 인생의 목표가 될 수도 있고 사람에 따라서는 그것이 비전이 될 수도 있다. 그러한 목표나 비전이 그 사람 인생의 항로에 등대인 것이다.

영화감독 스티븐 스필버그는 언젠가 방송에 나와서 이렇게 말했다. "나는 매일 아침마다 가슴이 두근거려서 도저히 식사를 할 수 없을 정도이다."라고 말이다. 자신의 꿈을 이뤄가는 그 과정 자체가 너무나 설레고 기쁘고 다음에 할 일이 기다려지기 때문이다.

간절한 꿈을 가진 사람은 마치 사랑에 빠진 것처럼 얼굴에 홍조가 띤다. 그는 항상 행복한 표정으로 산다. '비전(vision)'이라는 가슴 벅찬 열병에 감염되었기 때문이다. 누구에게나 비전은 '황홀함'이 느껴져야 한다.

모든 기업에서 '비전'을 갖고 있지만 구호에 불과한 경우가 많다. 비전이란 조직구성원 모두를 '가슴 뛰게 만든 것'이라고 했다. 제대로 된 비전은 듣기만 해도 가슴 설레고 희망이 절로 솟아나는 것이다. 기업이든 개인이든 마찬가지이다. 비전을 바로 세웠다는 것은, 그 자신 스스로가 올바른 방향으로 나갈 수 있도록 자기 제약을 걸어 놓은 것이나 마찬가지이다. 그래서 비전이 있는 사람은 그냥 내버려 두어도 셀프리더가 될 수밖에 없다.

당신이 더 행복해지고 세상이 더욱 아름다워지는 내일은 당신의 가슴을 더욱 두근거리게 할 것이다. 만약 콜럼버스가 '지구는 둥글다'라는 상상을 하지 않았다면, 그리고 그 상상이 가슴을 뛰게 하지 않았다면 과연 신대륙을 발견할 수 있었을까? 라이트 형제가 '사람도 하늘을 날 수 있다'라는 꿈을 꾸지 않았더라면 또한 그 꿈으로 가슴을 뛰게 만들지 않았더라면 오늘날의 비행기가 존재할 수 있었을까?

대한민국 최고의 비전(vision) 멘토로 불리는 강헌구 교수의 저서 『가슴 뛰는 삶』에 나온 비전 이야기를 인용해본다. "하늘 아래 새롭게 만들어진 모든 것은 누군가의 머릿속에서 그려졌던 것이고 누군가가 이룩한 업적은 바로 그 누군가의 '비전'이었다. 미래에 대한 통찰을 통해 '바로 이거로구나, 이게 필요하겠어! 난 이걸 하겠어!'라고 말하는 순간, 그리고 그것을 실제로 하고 있는 자신의 모습을 뚜렷이 떠올리는 순간 새로운 내일이 시작된다. 그것이 바로 비전이다. 즉 비전이란, 더 나은 내일을 만들어가기 위한 '마음속의 그림'이다."

당신의 인생을 휘감는 하나의 숙명적인 키워드를 마음속에 새겨보라. 그 키워드는 당신의 인생항로에 방향타가 될 것이며, 당신 삶의 최종결과가 될 것이다. 그 키워드가 당신의 비전이며, 그 비전은 행동을 일으켜서 매일 조금씩 현실을 만들어 갈 것이다.

셀프리더는 반드시 '비전'을 갖고 생활한다. 비전이 없는 사람은 셀프리더가 될 수 없기 때문이다. 설령 있다 해도 그것은 지속가능하지 못하며 진정한 '셀프리더'라고 말할 수 없다. 또한 '비전'은 셀프리더십을 만들어 내는 힘이 있다. 그래서 여기 '비전'이 만들어 내는 에너지원을 열거해보면 아래와 같다.

첫째, 비전은 특별한 집중력을 발휘할 수 있게 한다.

둘째, 비전은 올바른 선택을 할 수 있게 해준다.

셋째, 비전은 우리를 솔선해서 움직이게 한다. 스티븐 코비(Stephen Covey)의 『성공하는 사람들의 7가지 습관』이라는 책에서 비전을 가진 사람은 외부 자극에 의해서 움직이는 것이 아니라, 내부의 동인에 의해 솔선해서 먼저 움직이는 '프로액티브'한 생활을 한다고 말했다.

넷째, 비전은 정신적, 육체적인 활력소를 제공해준다.

다섯째, 비전은 보이지 않은 것을 보게 한다. 들리지 않은 것을 듣게 한다.

여섯째, 비전은 불가능을 가능으로 전환하는 힘을 솟구치게 한다. 전구를 발명한 에디슨은 감자 껍질, 바나나 껍질 이외에도 별별 희한한 재료들로 필라멘트를 만들려고 노력했다. 거의 4000번의 실패를 거듭했지만, 그래도 포기하지 않았다. 그저 실패로만 생각한 것이 아니라 그러한 경험들을 발견의 새로운 자원으로 간주했다.

일곱째, 비전은 우리에게 끊임없이 자신이 가는 길에 대해 피드백을 준다.

여덟째, 비전은 미래의 시점에서 현재 상태를 정확히 직시하는 능력을 준다.

누구에게나 비전이란 믿음에서 태어나고, 소망으로 자라며, 상상력에 의해 꽃피고, 열정에 의해 열매 맺는다. 비전은 관찰(sight)보다 뚜렷하며, 꿈(dream)보다 선명하며, 사상(idea)보다 현실적이다.

비전은 인생의 '키워드'이다. 비전을 발견한다는 것은 그런 숙명적인 하나의 인생 키워드를 찾아내는 것이다. 라이트 형제의 키워드는 '비행'

이었다. 에디슨은 '전구'였고, 노벨은 '화약'이었고, 쇼팽은 '피아노'였고, 애니카 소렌스탐은 '골프'였고 오프라 윈프리는 '토크쇼'였다. 그리고 그 키워드에 인생의 승부를 걸었다. 그들은 모두 운명을 건 키워드에 모든 시간과 에너지를 투자했기에 그 키워드에 관해서 만큼은 최고의 경지에 도달할 수 있다.

셀프리더는 자신이 가치 있다고 생각하는 일에 대하여 시간적, 금전적 투자를 아끼지 않는다. 일이 아닌 자신에 대한 투자로 인식하기 때문이다. 자신이 한 일이 잘된다는 것은 역으로 생각하면 자신의 가치가 더욱 높아지는 것이다. 이것이 셀프리더들의 셈법이다.

그리고 셀프리더들은 잘 견디어 낸다. 견딘다는 것은 참는다는 뜻이 아니다. 수많은 변화들에 유연하고 능동적으로 자신을 맡기고 함께 변화해 나갈 때에만 지금의 자리에서 견디는 것이 가능하다. 그래서 '견뎌라'라는 말은 '변화하라'는 주문과 동의어이다.

셀프리더는 자신을 객관적으로 바라보는 힘을 가진 사람이고 주체적인 삶을 추구하는 사람이다. 그러기 위해서 부단히 자기규제와 자기관리를 멈추지 아니하며 자기 계발에 힘쓴다. 동시에 자기 자신을 낮추고 상대를 인정하고 배려하는 마음을 간직하며 모든 것에 감사하는 태도를 취한다. 순풍이 불어올 때면 돛을 내려 속도를 조절하며 역풍이 불어올 때면 닻을 내려 항해를 잠시 멈추는 지혜를 갖춘 자가 바로 셀프리더이다.

인생이란 긴 항로를 항해하면서 순풍과 역풍은 끊임없이 반복된다. 순풍이 불어올 때면 곧이어 불어올 역풍을 생각하며 준비하고 내실을 기하며, 역풍이 불어올 때면 순풍을 기다리며 견디고 내실을 기해야 한다. 어느 시기가 되었든 내실을 기하는 자세가 셀프리더의 기본자세이자 태도이다.

중용(中庸)에서 이르기를 '인일능지 기백지 인십능지 기천지(人一能之 己百之 人十能之 己千之)'라 하였다. "남이 한 번에 할 수 있다면 나는 백 번을 해서라도 그 일을 이루고, 남들이 열 번에 능한 것이라면 나는 천 번을 해서라도 능하게 만든다." 라는 뜻이다.

천리마도 한 번 뛰어서는 십 보의 거리를 갈 수가 없고 더딘 말도 열흘 가면 천 리에 도달하나니, 성공은 멈추거나 그만두지 않음에 달려있다고 하였다.

당신의 비전은 무엇인가? 만약 10초 이내 답을 내놓지 못한다면 오늘 당장 비전건설을 서둘러야 한다. 먼저 비전을 세우고 그 비전을 이룰 수 있도록 부단히 노력하고 끊임없이 정진하며 변화에 대응하는 셀프리더가 바로 독자 여러분이 되기를 기원한다.

08 _존경받는 리더들은 모두 셀프리더였다

세계적으로 존경받은 기업가들은 그들만의 탁월한 기질이 있었다. 그들의 공통점은 미래의 변화를 내다보는 능력, 무에서 유를 창조하는 능력, 외로운 길을 마다하지 않고 묵묵히 새로운 세계를 개척해 나가는 능력을 가지고 있다는 점이다. 즉 그들은 자신 스스로가 세운 비전을 본인들의 삶에서 체득한 답안으로 풀어내는 주인공들이다. 과거 정주영 회장이나 일본의 마쓰시타 고노스케의 경우는 무일푼으로 시작해서 세계적인 기업을 세운 전설적인 인물이다.

근래의 인물사례로 본다면 국내 벤처기업 신화인 네이버 창업자 이해진, 마이크로소프트의 빌게이츠, 일본 소프트뱅크의 손정의, 중국 알리바바 그룹의 마윈 등 세계적으로 뛰어난 경영자들의 공통점은 '자율적 사고'와 '주체적 사고'를 기본 생활철학으로 삼고 있다는 점이다.

이들은 모두가 한결같이 자기규제와 자기통제가 철저한 사람들이다. 본인이 비전을 세우고 본인만의 철학을 갖고 누구도 걸어가 보지 않은 길을 흔들림 없이 하나의 길만 걸어서 성공한 인물들이다. 그들 삶의 공통된 특징은 자기 스스로를 반듯하게 세우고 360도 '전방위(全方位)리더십'을 실천했다는 점이다. 그들이야말로 스스로가 자기 동력을 만들 수 있는 셀프파워를 지닌 진정한 셀프리더의 표상인 셈이다.

셀프리더의 특징은 자신 스스로가 리더로서 모범적인 생활과 행동을 함으로써 다른 사람들이 스스로 따르게 한다. 근래 들어 기업윤리의 중요성이 더욱 부각되고 사회적 책임이 더욱 강조되고 있기는 하지만, 과거부터 세계적으로 존경받은 리더들은 그들 스스로가 자기규제와 자기절제를 실천하여 행동으로 보여주는 리더십을 펼친 사람들이다.

2016년도 국내 모 일간지의 설문조사에 따르면 우리나라와 일본 기업가들이 가장 존경하는 경영자는 마쓰시타 전기회사(현, 파나소닉)의 창업자이자 경영의 신으로 일컬어지는 '마쓰시타 고노스케'이다. 그는 초등학교도 제대로 못 마치고 아홉 살 때부터 돈벌이에 나섰으며 서른 살도 안 돼 부모형제를 모두 잃고 나중에는 아들마저 먼저 떠나보내는 불행을 겪었다.

그러나 그에게 이러한 고난들은 전화위복(轉禍爲福)이 되어 더 큰 성공을 가져오게 하였다. 아무리 어려운 상황에서도 좌절하지 않고 나아가면 얼마든지 역경과 고난을 이겨내고 헤쳐 나갈 수 있음을 보여주었다.

일선에서 은퇴한 후에도 마쓰시타 고노스케는 저술가이자 교육자로 활동하며 인간의 본성을 연구하면서 스스로 모범적인 리더의 행실을 몸소 실천하다가 95세 일기로 생을 마감하였다. 그는 비록 남들처럼 학교 교육은 받지 못했으나 스스로 공부하고 끊임없이 연구하여 수많은 기술 특허권을 보유하였으며, 세계 과학기술 발전에 큰 업적을 남겼다.

1953년에 그는 자신의 기업 내 중앙연구소를 설립하면서 "주체성 없이 무턱대고 남의 기술을 모방하거나 자존심 없이 타인의 힘과 돈에만 의지하는 자는 나약한 자이며, 중요한 것은 스스로 고안하고 노력하는 것이다."라고 말하며 일본이 기술 강국으로 도약할 수 있도록 기반을 마련하는 일을 시작하였다.

사마천의 『사기(史記)』 중 자객열전(刺客列傳)에는 이런 말이 있다. "선비는 자기를 알아주는 사람을 위해 죽는다."는 뜻이다. 중국 거대 온라인 기업 알리바바의 마윈 회장은 이 말의 의미를 간파한 사람이다.

마윈은 무일푼으로 사업을 시작하여 15년 만에 알리바바 그룹을 약 160조 원의 가치를 가진 기업으로 키워낸 인물이다. 1999년에 직원 17명으로 창업한 알리바바는 2014년 중국 국내총생산(GDP)의 2퍼센트를 차지하는 매출을 낸 엄청난 기업이 되었다.

그는 "오늘의 알리바바가 이룬 성과는 절대 혼자 이룬 것이 아니다. 나는 5퍼센트의 도움만 됐을 뿐, 알려지지 않은 영역에서 묵묵히 일하고 나를 앞으로 내세워준 직원들 덕분이다."라고 입버릇처럼 말하곤 했다.

지난 2003년 사스(SARS, 중증급성호흡기증후군)가 중국을 강타했을 때 알리바바도 위기를 맞았다. 당시 한 직원이 광저우 수출 상품 박람회에 갔다가 사스에 감염되었으나 이 사실을 모른 채 회사로 돌아와 계속 근무를 한 것이다. 이 직원은 며칠 뒤 사스 환자로 판명됐고 그것이 문제가 되었다.

그 사실을 처음 접한 마윈은 한밤중에 알리바바 전체 직원에게 이메일을 보냈다. 그는 "회사의 대표로서 모든 책임을 지겠으며, 정상적인 생활을 할 수 없게 해서 정말 미안하다. 이번 일로 인해 타격을 입은 모든 사람에게 위로의 마음을 전한다."라고 했다.

마윈은 기업운영 철학이 분명한 사람이다. 기업의 이미지 손상이 가져다줄 부정적 영향을 고려하기보다는 직원의 건강을 더 중요하게 여겼고, 사회적 책임을 완전하게 다하지 못한 자신을 먼저 탓한 것이다. 오늘날 알리바바가 세계적인 기업으로 성장하게 된 가장 큰 이유는 바로 최고 리더인 마윈의 정직함과 바른 생각이 직원을 감동시키고 고객들의 믿음을 이끌었기 때문이다.

지금까지 필자는 물론 직장인 모두에게 각자의 위치가 어디든 가장 중요한 요소가 '셀프리더십'이라고 생각해왔다. 공기업은 일반적으로 최고경영자가 3년마다 바뀐다. 자칫 주인의식 없이 그때그때 환경에 적응하면서 생활하기 쉬운 구조라고 생각할 수 있다.

공기업의 특성상 종사자들이 스스로가 주인의식을 갖지 않으면 개인은 물론 사회 전반에 좋지 않은 영향을 끼치게 된다. 그 주인의식은 일부만의 것이 아니라 전 직원이 가져야 하는 제일의 덕목이며, 그 주인의식이 바로 '셀프리더십'의 기본적인 자질이다.

회사 내에서도 상사의 지시나 OJT(On the Job Training, 업무 중에 이루어지는 교육)만으로 일정 수준 이상의 역량을 향상시키기에는 한계가 있게 마련이다. 스스로 체화되지 않은 사람에게는 아무리 많은 직무교육과 인센티브를 제공하더라도 그때 뿐이다. 필자는 10년 이상 팀장으로 일하면서 팀워크 향상을 위해 갖가지 활동을 해보았다. 그러나 팀원 각자의 개성과 특성에 따라 많은 차이가 있음을 알게 되었다. 그 이유는 바로 각 팀원들이 가지고 있는 '셀프리더십' 역량 차이라고 생각한다.

'셀프리더십'이 비단 직장생활에서만 중요한 것은 아니다. 가정생활에서는 물론 외부 각종 단체생활에서도 가장 중요한 덕목이다. '나 스스로가 먼저 모범적인 생활을 하여 자신을 통제하고 규제하며 주위에 있는 모든 사람들의 행복과 이익을 위해 먼저 솔선수범하는 자세가 '셀프리더십'이다.

필자는 이러한 중요성을 기업현장에서 직접 인식하고 몸소 체험하면서 생활하였다. 그럼에도 불구하고 항상 부족함을 느꼈다. 그것이 계기가 되어 이를 학문적으로 체계화하고 실증연구를 해보기 위해 오십이 넘은 나이에도 불구하고 뒤늦게 공부를 시작하여 '셀프리더십'을 논문의 키워드로 설정해 박사학위까지 받게 되었다.

자신에게는 한없이 엄격하고 남에게는 관대하고 베푸는 박기후인(薄己厚人) 정신과 자신을 끊임없이 깨우고 단련시키며 자기의 본질을 깨우치는 배움의 자세인 위기지학(爲己之學)의 정신이야말로 진정한 셀프리더의 자세이다. 이 또한 생각보다 실천이 중요하며, 그 실천은 바로 다른 사람이 아닌 자신부터 시작해야 한다는 것을 명심해야 한다.

PART 02

셀프리딩 1단계 :
나답게 살아가기

09 _내 삶의 주인은 오직 자신뿐이다

혹여 당신은 당신의 육체를 보존하고 이끌어 왔기에 당신의 삶에 진정한 주인으로 살아왔다고 자부하는가? 누구나 자신의 삶에 진정한 주인이 되기를 원한다. 어느 누구나 자신의 삶을 온전히 소유하고 주체적인 삶을 살기를 희망한다. 그렇다. 희망할 뿐 자신의 삶에 진정한 주인으로 살아왔노라고 자신 있게 말할 수 있는 사람이 얼마나 되겠는가?

인간의 삶을 주기로 나누면 유아기(0~7세), 소년기(8~14세), 청년기(15~28세), 장년기(29~50세), 중년기(51~70세), 노년기(71세 이후) 등으로 구분할 수 있다. 이 중에서 본인이 삶의 진정한 주인으로 살았던 시기를 생각해 보자. 분명 각양각색의 답이 나올 것이다. 하지만 분명히 온전하게 자신의 삶을 주도적으로 살았다고 자신만만하게 대답할 사람은 그리 많지 않을 것이다. 우리는 보통 소년기까지는 부모의 관심 속에서 부모가 이끌어주는 대로 살고, 청년기 이후에는 타인의 시선을 의식하고 타인에 대한 의무감으로 산다.

사람은 관계적 존재이기에 타인의 의식에서 완전히 벗어나 독자적인 삶을 산다는 것은 불가능하다. 그래서 자신의 삶일지라도 주체적으로 살기 어렵다는 뜻이다. 태어나서 죽을 때까지 한 인간의 삶은 타인과의 관계적 삶에서 벗어난 적이 없다. "인간은 사회적 동물이다."라고 외쳤던 아리스토텔레스의 주장이 그것을 뒷받침하고 있다.

인간은 사회 안에서 서로 관계를 맺고 더불어 살아가며, 영향을 주고받는 과정에서 인간답게 성장하며 살기 때문이다. 결과적으로 사회적 관계 속에서 잘 적응해 가며 본인의 존재를 의식하면서 자신의 삶을 이끌어 가는 주인으로 당당히 생활해 나가는 것이 최선의 답이라 할 수 있다.

중도(中道)라는 말이 있다. '어느 한쪽으로 치우치지 아니한 바른 길'을 뜻한다. 청년기를 지나면서 우리는 한 가지 역할만 하면서 살지는 않는다. 그렇지 않다고 주장한다면 앞서 말한 사회적 동물로서의 '관계적 삶'을 포기하고 살 수밖에 없다. 자식으로서의 역할, 부모로서의 역할, 남편으로서의 역할, 직장에서의 역할, 각종 사회단체에서의 역할 등 열거하기 어려울 정도의 다양한 삶의 형태가 어우러져 이어진다. 우리의 삶이 더욱 어려운 점은 각 역할마다 주변으로부터의 기대치가 다르고, 역할 간의 충돌이 생기는 경우가 허다해 자신에게 주어진 역할들을 충실히 해내기가 매우 어렵기 때문이다.

그렇다고 언제까지 타인의 시선에서 벗어나지 못한 채 주체적인 삶을 포기하고 살 것인가? 아니면 주어진 역할을 최대한 잘 해나가기 위해 남의 시선과 관심에서 벗어나 자신의 주체적인 삶을 주도하면서 살 것인가? 이런 의문이 생길 때면 문득 답답한 마음이 드는 것은 당신만은 아닐 것이다.

나이 40을 '불혹(不惑)'이라 했다. '어떤 경우에도 흔들림 없다'는 뜻이다. 더욱이 나이 50이면 '하늘의 뜻을 깨우치다' 하여 '지천명(知天命)'이라

한다. 이 말을 듣노라면 더욱 답답해지지 않는가?

공자께서 살았던 그 시기와는 시대적 환경이 너무나 다르기에 지금의 입장에서 이를 비유하기에는 다소 무리가 있다. 물리적으로도 요즘의 40~50대를 '불혹'이나 '지천명'으로 표현하기에는 너무나 거리가 있는 듯하다. 공자가 살았던 BC 500년경 당시 인간의 평균수명은 지금보다 훨씬 짧은 50세 전후였다. 물론 당시도 장수하는 사람들은 70 혹은 80까지도 살았다.

그러니 조금은 위안을 받을 수 있다. 그 당시와 지금의 인간 수명을 비교할 때 최소 30년은 뒤로 밀어놓아도 되겠다. 그렇게 보면 70을 '불혹'이라고 하고 80을 '지천명'이라고 해도 무리가 없지 않겠는가! 궤변으로 들릴 순 있겠지만, 100세 시대의 '인간수명 주기(Life Cycle)'를 보면 전혀 타당성이 없지는 않다.

필자의 나이 50을 훌쩍 넘긴 시점에서 '불혹'이니 '지천명'이니 하는 말들이 너무나 괴리가 있어 합리화를 시켜보고자 뚱딴지같은 논리를 펼쳐보았다. 그래서 삶을 주체적으로 살지 않아도 된다는 뜻은 아니다. 주체적인 삶을 사는 시기가 별도로 정해진 것도 아니다. 어느 시기든 내 삶의 진정한 주인으로서 당당히 맞서며 사는 것이 현명하다는 뜻이다. 또 그렇게 해야 한다. 그런데 참으로 쉽지 않은 일이기에 그 많은 외침이 있는 것 아니겠는가!

그러나 가장 역할을 많이 맡는 시기인 40세 전후부터는 '내 삶의 진정한 주인'이 되어야 한다고 본다. 설령 '불혹'은 안 될지라도 자신의 삶을 책임지고 타인의 시선에서 벗어나 당당히 내 인생을 움켜쥐고 나아갈 수 있어야 한다. 그러기 위해서는 내 자신을 정확하게 진단하고 분석하여 정확한 '내 삶의 스펙'을 정의할 수 있어야 한다. 본인 자신의 삶이라 할지라도 스스로에 대해 정확하게 알지 못하고서 진정한 삶의 주인이 된다는 것은 요원한 일이다. 그러면 어떻게 해야 자신에 대해 명확히 알 수 있을까?

그 출발은 내가 나를 모른다는 것을 인정하는 것에서부터 시작되어야 한다. 내가 내 자신을 모른다는 것을 인정하면 비로소 나를 객관화할 수 있게 된다. 나의 신체특성, 정신, 행동양식, 재능, 꿈, 좋아하고 싫어하는 것 등 모두를 포함한 내 삶의 구성요소를 하나씩 분석하고 정의할 수 있을 때 비로소 내 삶의 주인이 될 수 있는 자격이 된다.

우선적으로 다음 3가지 방법으로 자신에 대해 분석해보고 냉철하게 정의할 수 있어야 한다. 이것이 진정한 삶의 주인이 되는 첫걸음이다.

첫째, 삶의 '유한성'을 인식해야 한다. 삶에는 분명 끝이 있기 마련이다. 즉 내 삶을 펼쳐나가는 데는 분명 시간적인 한계가 있다. 이를 깊이 깨닫게 된다면 허황된 욕심으로 시간을 낭비하게 자신을 내버려두지 않는다. 그리고 변화에 민감해져 순간순간 그 변화를 인식하고 지루한 삶을 지속하지도 않으며 때때로 찾아온 좌절의 늪에서도 신속히 벗어날 수 있게 된다.

둘째, 자신의 '한계성'을 인정해야 한다. 완전하지 못한 존재로서의 자신을 인정하게 되면 마음의 위로를 받는다. 많은 사람들이 불행한 삶을 살고 있는 이유는 스스로 혹은 타인에 의해서든 완벽한 삶을 살고자 하는 데 있다. 오히려 불완전한 자신을 인정하고 보듬어 안을 수 있다면 타인의 시선을 너그럽게 받아들일 수 있게 된다.

셋째, 타인과의 '관계성'을 받아들여야 한다. 사람은 사회적 동물이기에 여러 다른 사람들과의 관계 속에서 자신의 존재 가치를 발견하게 된다. 타인과의 관계 속에서 나의 역할과 그것에 맞는 의무 등을 충실히 이행해 나가고 타인의 시선으로 나를 바라보는 객관화 작업을 계속해 나가는 것이 진정 나를 알아가는 지름길이다.

이와 같이 자신의 삶을 유한성, 한계성, 관계성으로 분석해 본다면 나름대로 자신 스스로의 삶을 정의내릴 수 있다. 그것도 한 번으로 끝나는 것이 아니다. '내 삶의 스펙'을 정확히 알기 위해서는 이러한 작업을 반복적으로 해야 되며 매일 한 번이라도 생각하는 시간을 가질 수 있도록 습관화할 필요가 있다. 그렇게 되었을 때 '내 삶의 진정한 주인'으로서 자신 스스로를 어떻게 리드할 것인지를 마음속에 삶의 지도를 그려 넣을 수 있다.

모든 세상의 이치(理致)가 '나' 자신으로부터 출발된다. 불교 교리에도 이런 말이 있다. "삼라만상의 핵심은 사람 바로 내 자신이며, 모든 것이 내 마음속에 있고, 내가 곧 우주이다."라고 기록되어 있다. 그러기에 삶의 진정한 주인이 된다는 것은 자신을 바로 세우는 일이라 할 수 있다. 따라서 수신(修身)이 제대로 되지 않고서는 내 삶의 주인도 될 수 없을 뿐만 아니라 떳떳하게 드넓은 세상을 바라보며 밖으로 행군할 수가 없다. 머뭇거릴 필요 없다. 작은 것 하나부터라도 실행해보라!

10 _ 나는 어떤 색깔을 띠고 있을까

흔히들 사람의 성격을 색깔로 표현하는 경우가 많다. 가령 "저 사람 색깔 있다." 혹은 개성이나 성격이 분명한 사람들을 빗대어 "저 사람은 색깔이 분명하다."라고 표현하는 경우가 종종 있다. 그런데 사람은 원래 태어날 때부터 색깔을 지니고 태어났을까? 물론 그렇지 않다. 사람들은 저마다 타고난 성격을 가지고 있다. 혈액형에 따라 성격을 어느 정도는 가늠할 수 있듯이 태어날 때부터 지니고 있는 특성 혹은 자신만의 DNA(유전물질)가 있다.

그러나 개인의 특성을 '색깔'로 표현하는 것은 사람마다 태어날 때부터 가지고 나온 천성과 후천적으로 얻어지는 자기만의 개성을 포함해서 나타낸 말이다. 심지어 성격이 조금 이상하고 자기 행동이 분명하지 않은 사람들을 빗대어 '회색분자'라고 한다. 회색은 흰색도 아니고 검은색도 아닌 불분명한 재의 빛깔로 사상적 경향이 뚜렷하지 아니한 상태를 비유적으로 이르는 말이다.

이번 기회에 사람의 성격을 색깔로 표현하는 '색깔 성격 심리테스트' 결과와 관련된 여러 자료들을 일목요연하게 정리해보았다. 재미로 보면 좋을 듯싶다. 어떤 사람들은 고객을 끄덕이며 공감하기도 하고, 전혀 아니라고 생각할지도 모르겠다. 맞는 말이다.

사회과학 분야 학문의 특징이 그러하듯이 수많은 사람들을 대상으로 여러 실험과 조사, 분석을 거친 과학적 방법에 의한 연구 결과물도 일정 정도의 '유의수준'을 인정하고 있다. 즉 사회적 현상에 예외를 인정하듯 아래에 나온 '색깔 성격 심리테스트' 결과도 갑론을박할 것이 아니라 그런 정도로 봐주면 되겠다. 먼저 본인이 무슨 색깔로 인식되어지는지 혹은 어떤 색깔을 좋아하는지부터 생각하고 맞추어 보기 바란다.

- **빨간색**(Red): 적극적이고 활동적이며 사교적 성격에 자신감이 넘치는 사람이다. 또한 사랑에 쉽게 빠지는 성격이다. 그래서 표현도 적극적이다.

- **주황색**(Orange): 심성이 착하고 다른 사람들과 어울리길 좋아한다. 그리고 충성심이 강해 한 번 맹세한 것은 절대 포기하지 않는 성격이다.

- **파란색**(Blue): 고집이 강해서 굽힐 줄 모르고, 자제심이 강하고 논리적이다. 또한 매사에 냉정하게 대응하고 상황대처 능력이 뛰어나다

- **노란색**(Yellow): 봉사정신이 강하고 창의력이 풍부하며 호기심이 많다. 또한 고귀한 이상을 추구하는 마음이 강하고 각종 행사 및 사회적 참여에 적극적이다.

- **초록색**(Green): 도덕적이고 민주적인 사고를 갖고 있다. 기품 있고 성실한 사람이며 자신의 신념에 흔들림이 없고 소유욕이 강하다.

- **흰색**(White): 완벽함을 추구하고 자만심이 강해 고독하지만 가정적인 사람이다. 또한 자기만의 영역이 확실해서 자기의 속내를 잘 내비치

지 않는다.

- **보라색**(Violet): 개성이 강한 예술가 타입으로 이상론자이다. 또한 권위를 갖추려고 노력하는 사람이며 사람들을 돌봐주거나 챙겨주는 것을 좋아한다.

- **분홍색**(Pink): 강한 성격인 것처럼 보이지만 상대적으로 상처받기 쉬운 성격이다. 또한 섬세하고 감성적이며 인심이 좋은 사람이다.

- **갈색**(Brown): 자아가 강하기 때문에 새로운 변화를 두려워한다. 독립심이 강하고 남에게 맡기는 것보다 자신이 직접 하는 편이며 사회적 활동에서도 책임을 맡는 것을 좋아한다.

- **검은색**(Black): 의지와 독립심이 강하고 희망과 꿈이 넘치는 사람이다. 매사에 경험적 사실을 중요하게 생각하고 현실적이다.

당신이 좋아하는 색깔에 해당하는 특징이 당신의 성격과 어느 정도 일치하다고 생각하는가? 사람도 비록 육안으로 보이지는 않지만 색깔이라는 것을 지니고 산다. 엄밀히 말하면 각자의 개성과 성격을 색깔의 고유 특성과 연결해서 나타낸 것이다. 참고로 필자는 노란색과 파란색을 좋아한다. 실제 성격도 그 색깔이 나타내는 특징을 갖고 있기에 아마 다른 사람들도 나를 표현할 때 노랑과 파랑 중에서 하나를 생각하지 않을까 싶다.

미 캘리포니아 주립대 데이비스 캠퍼스 연구진이 1200여 마리의 고양이 주인들에게 설문조사를 실시하여 재미있는 연구 결과물을 내놓았다. 그 연구내용은 고양이들의 털 색깔에 따라 고양이의 성격이 다른지를 분석해본 것이다. 연구결과에 따르면 검은색이나 회색, 줄무늬가 있는 고양이는 비교적 온순하고 차분하고, 삼색(검은색, 갈색, 흰색)이 섞인 고양이는 공격적인 성향을 가지고 있다고 한다.

이는 사람을 색깔로 표현하는 것과는 다소 다른 경우다. 사람은 선천적으로 타고난 특성에 후천적으로 얻어진 특징이 복합되어 각자의 개성이 색깔로 나타낸 것이지만, 고양이의 경우 타고난 신체적 특징인 털의 색깔에 따라 성격이 결정된다고 하니 말이다. 결과적으로 두 가지 사례를 보더라도 사람이나 동물이나 모두 태어날 때부터 천성으로 가지고 나온 특성이 있다. 단, 동물의 경우는 타고난 신체적인 특성대로 살아갈 것이다.

그러나 이성을 갖고 있는 사람의 경우는 다르다. 타고난 특성이 절대적으로 좌우하겠지만 후천적인 경험에 의해서 얻어진 특성이 합쳐져 종합적으로 '성격'이라는 각자 고유의 '퍼스널 브랜드'를 갖는 것이다. 말한 바와 같이 사람은 선천적 혹은 후천적으로 얻은 모든 특성이 각자의 고유 색깔로 나타나는 것이 일반적이지만, 이와는 다르게 의도적으로 옷의 색깔로 자신의 정체성이나 마음가짐을 나타내는 경우가 많다.

당신은 어떤 색깔로 비춰지기를 원하는가? 각자 마음속에 좋아하는 색이나 자신을 나타내고 싶은 색상이 있다. 앞서 제시된 '색깔 성격 심리 테스트' 결과를 참고해서 자신의 색깔을 맞추어 보기 바란다.

사람들은 저마다 타고난 특징대로 좋아하는 색깔이 있다고 하지만, 때로는 밖으로 내비치고 싶은 색깔은 정작 다를지도 모른다. 자신의 다짐을 상징적으로 보여주기 위해서 좋아하는 색깔과 다른 의도적인 색깔로 자신을 나타내 보려고 했던 경험이 있을 것이다.

그러한 행위가 반복된다면 그 의도된 색깔이 바로 자신의 보색(補色)이된다. 타고난 특성이 변질된 것이 아니라 자신을 가장 자신답게 연출시키기 위해서 각자 마음속의 색깔에 다른 색깔을 입혀 자신을 나타나게만들려는 의도적인 행위이다.

나 스스로 어떻게 살아가고자 하는가? 혹은 나를 어떻게 세우고자하는가?

위의 질문에 분명하게 답하는 것이 정말 중요한 일이다. 그에 따라서의도된 연출을 통해 행동할 필요도 있고 마음가짐도 새롭게 할 수 있다. 그림을 그릴 때 표현하고 싶은 색깔이 있지만 딱히 적당한 색상을찾지 못할 때 몇 가지 고유의 색상을 혼합해서 보색(補色)을 만들 듯이우리 자신들도 인격의 보색이 필요하다.

나는 원래 태어난 성격이 이래서 할 수 없다고 단정하면서 사는 것보다는 각자가 태어날 때부터 가지고 나온 성품을 바탕으로 다양한 지식습득과 경험을 통해 자신을 꾸며보는 것이 매우 중요하다.

그런 의미에서 지금부터라도 자기만의 보색(補色)으로 각자의 고유한'퍼스널 브랜드 컬러'를 만들어 꾸며보기 바란다.

11 _내 마음속의 외침에 귀기울이자

의견이나 요구를 강력하게 주장할 때 '외침'이라는 표현을 쓴다. 여러분은 마음속으로부터 흘러나오는 '외침'의 소리를 얼마나 듣고 있는가?

필자의 경우 공기업에서만 30년 넘게 근무하고 있다. 20대 후반에 한국전력공사에 입사하여 지금은 50대 중반을 바라보는 시점이다. 외부에서 바라본 공기업이라는 직장은 여러 가지로 표현되고 있는데 가장 흔한 표현이 '철밥통' 혹은 '신의 직장' 등이다.

하지만 필자는 그런 표현은 부적절하다고 본다. 왜냐하면 현실과 괴리가 크기 때문에 그런 표현은 적합하지 않다는 뜻이다. 물론 다른 기업과 비교하여 안정적인 면이 있다는 점은 인정한다. 그러나 그 이면의 숨겨진 현실과는 상반되는 점이 많다. 업(業)을 영위하는 방식이 다를 뿐이지 그 속에서 펼쳐지는 애환(哀歡)은 어느 직장이나 별반 차이가 없다고 본다. 아니 공기업이 오히려 정신적인 측면에서는 더 많은 갈등과 스트레스를 감내해야 되는 곳이다.

공기업의 특성상 국민들의 생활과 직결되는 일을 하다 보니 일에 대한 파급효과가 생각보다 크다. 따라서 어떤 일 하나를 결정할 때도 수많은 사람들의 의견을 들어야 되며, 특히 정부나 상급기관으로부터 내려온 많은 지시는 일을 추진하는 데 있어서는 커다란 제약이 될 수밖에 없다. 그래서 간혹 일을 추진하다 보면 당초 내가 그렸던 그림은 어디론가 사라져버리기 일쑤다. 당초는 호랑이를 그리려고 했는데 고양이가 되거나 이상한 동물의 모습으로 변하기도 한다.

물론 내가 계획하고 추진하는 일이 국민의 삶에 많은 영향을 미치기 때문에 신중을 기하고 여러 사람들의 의견이 반영되어야 하는 것은 어쩌면 당연하다. 하지만 내 개인의 입장만 놓고 본다면 허전할 때가 너무 많다.

나 자신의 존재감을 느낄 수 없거나 내 의견은 없고, 오직 남들의 의견으로 일을 추진하는 경우가 종종 발생되는데 그때는 그냥 주저앉고 싶은 심정이 든다. 그럴 때마다 내 마음속에서 출렁이는 외마디가 '외치고 싶다'이다. 내 마음속의 양심과 내 의지를 세상에 보이고 싶어 외치고 싶지만 그럴 수 없는 자신이 한없이 초라해 보인다.

'자존감의 상실'이라는 표현이 적당한지 모르겠다. 나 자신의 의사를 표현하거나 나를 지켜내기 위한 감정의 발산이 자유롭지 않기에 간혹 스스로를 잃어버리는 경우가 많다. 모든 일이 그렇듯 잘못된 일도 반복해서 하다 보면 정상적인 것처럼 생각될 때가 있다. 일종의 '관념의 착시현상'이 일어나게 된다. 미술에서 '보색의 착시현상'과 유사한 경우이다.

예를 들어 빨강을 계속 바라보면 초록색이 보이게 되는 현상이다. '관념의 착시'는 정의가 아닌 행동을 반복하다 보면 마치 그것이 정의인 것처럼 느껴지는 것이다. 아니 좀 더 솔직하게 표현한다면 착시가 아니라 마음속의 소리를 닫아 버린 것이다.

정의롭지 않은 것을 아니라고 당당하게 그리고 떳떳하게 외칠 수 있다면 정말 행복할 것이다. 그런데 현실에서 그렇게 외칠 수 있는 경우가 많지 않다. 더 깊게 들어가면 사회 전반적인 시스템이 뭔가 잘못된 방향으로 작동하고 있다는 반증이다.

그러나 분명한 것은 마음속 외침을 외면만 해서는 안 된다. 마음속 외침을 외면하는 일은 정신을 멍들게 만드는 바이러스를 내 자신이 키우고 있는 일과 다름없다. 즉 우리 각자가 양심 뒤에 숨어버린 나쁜 문화를 만들어 내고 있는 것이다. 불의(不義) 앞에서 나 자신만 눈감으면 당장은 편할지 모르지만, 그것이 쌓이고 쌓이면 어느 집단이든 그런 현상이 관습이 되고, 문화가 된다.

나비효과(Butterfly effect)라는 이론이 있다. 브라질에 있는 나비의 날갯짓이 미국 텍사스에 토네이도를 발생시킬 수도 있다는 과학이론이다. 곧 작은 변화가 결과적으로 엄청난 변화를 초래할 수 있다는 의미다. 자신의 목소리를 당당하게 낼 수 없는 사회구조나 문화적 관습은 사회 전체를 멍들게 하며 곧 정상적인 사회적 시스템을 멈춰 서게 만드는 단초가 된다.

2016년도에 LG경제연구원이 발표한 자료에 따르면 2015년도 우리나라 청년층의 대학 진학률이 70.9퍼센트라고 한다. 물론 지금까지 가장 높았던 해인 2008년 84퍼센트에서 점차 낮아진 결과이지만 여전히 OECD 평균보다 월등히 높은 수치이다. 이렇듯 고등교육을 받는 인구가 높다는 것은 전반적으로 사회 전체가 성숙해지고 있다는 증거다.

이러한 사회구조 속에서 정상적인 교육을 받고 이성적인 판단을 할 수 있는 사람이라면 옳고 그름을 구분할 수 있다. 또한 보편적으로 통용되는 정의로운 행동이 무엇인지도 잘 안다고 본다. 분명 각자가 정의롭지 못한 사회현상 혹은 불의(不義) 앞에서 각자 마음속의 양심에 따라 흘러나오는 외침이 있으리라 본다. 그러나 우리 모두는 그 외침을 애써 외면하고 있지는 않고 있는가?

1994년 노벨문학상 수상자인 일본의 노작가 오에 겐자부로의 작품 중에 『말의 정의』란 책이 있다. 이 책은 2006년부터 2012년까지 6년 동안 아사히신문 문화면에 「정의집」이라는 제목으로 매달 한 번 연재된 것을 단행본으로 묶은 것이다.

1935년에 태어난 노작가는 이 수필집에서 일본 문화와 사회에 대한 솔직한 생각을 밝히고 국제사회에서 일본의 책임과 역할에 대해 담담하게 써 내려간다. 80세가 넘은 나이에도 불구하고 작가의 생각은 젊고 글은 힘차며 자국 내 소수 의견일 양심의 목소리를 내는 데 거리낌 없이 내면의 목소리를 글로 외치고 있다.

책 내용 중에 "20세기 일본은 '덕'이라는 것을 과연 베풀고 살아왔는가?"라고 피력하면서 작가 자신의 나라가 저질렀던 무책임하고 파렴치한 행위를 과감하게 비판하고 있다. 그리고 일본은 과거를 뉘우치고 깊이 반성해야 한다고 외친다.

비단 윤리적이고 도덕적인 기준에서의 '마음속의 외침'을 말하는 것은 아니다. 마음속에서 자연스럽게 흐르는 감정의 소리에도 귀 기울일 필요가 있다. 인생 단계에 따라 조금씩 종류는 다르지만 각각의 희로애락(喜怒哀樂)이 있다. 그런데 정작 우리 자신들은 그 희로애락의 감정을 억누르는 것에 익숙하다. 아니 오히려 표현을 억제하는 것을 미덕으로 생각하기도 한다.

인지덕행 겸양위상(人之德行 謙讓爲上)이라는 옛말이 있다. '사람의 덕행은 겸손과 사양이 제일이다'라는 뜻이다. 동양의 유교사상에서 비롯된 당시의 윤리적 기준이긴 하지만 이제는 시대 상황이 너무나 많이 변했다. 동양과 서양은 물론 전 세계가 하나의 지구촌이 되었고, 같은 방향으로 생각하고 느끼는 보편적 기준으로 만들어져 가고 있다. 21세기 지구촌의 보편적 사고기준은 자기 자신을 솔직 담백하게 표현하고 있다.

2015년도에 뮤지컬 '쿠거'가 국내에서도 막이 올랐다. '쿠거'는 미국 오프브로드웨이에서 40~50대 여성들의 전폭적인 지지를 받았던 뮤지컬인데 아시아에서는 최초로 국내에서 선을 보였다. 그 뮤지컬의 주인공 '릴리' 역은 국내 대표적인 뮤지컬 배우인 박해미 씨가 맡았다. '쿠거(Cougar)'는 북미지역에서 '퓨마'를 가리키는 말인데 뮤지컬에서는 먹이를 찾아 어슬렁거리는 쿠거의 습성에 빗대 젊은 남자를 찾아다니는 나이든 여성을 의미하는 속어로 쓰이고 있다.

뮤지컬은 중년의 싱글 여성인 주인공 릴리가 젊은 남자들과의 사랑과 연애를 통해 행복을 찾아가고, 나이 듦과 우정, 사랑, 욕망에 솔직해지는 것을 배우는 과정을 그렸다. 여기서 '릴리' 역을 맡은 박해미 씨는 실제로 이혼의 아픔을 겪고 나서 9살 연하의 남편과 재혼한 사람이다.

그녀는 한 인터뷰에서 뮤지컬 대본 자체가 본인의 이야기와 비슷한 점이 많아 너무 애착이 가서 혼신의 노력을 다할 수 있었다고 회상했다. 박해미 씨는 뮤지컬을 하면서 남녀가 느끼는 감정을 솔직하게 표현하고, 마음속에서 흐르는 기쁨과 슬픔을 진솔하게 드러내 보이는 것이 너무 좋았다고 했다. 그러나 한편으로는 자기보다 한참 나이 어린 남편과의 결혼생활이 사회적 관습 때문에 마냥 순탄하고 편하지만은 않았다는 것을 간접적으로 시사했다.

우리도 이제 자신의 마음속에 흐르는 외침을 표현하는 방법에 익숙해질 필요가 있다. 그리고 잘못된 사회적 관습을 깨는 의식도 함께 병행하며 자신을 적절히 표현하는 것을 두려워할 필요가 없다.

전 세계가 하나의 지구촌이 되고 있는 현실에서 우리 사회가 더욱 발전하고 한 단계 업그레이드(upgrade)되기 위해서는 건전한 비판과 뼈아픈 충고가 곳곳에서 분출되고 그런 목소리가 외면되거나 짓밟히지 않는 문화를 만들어 내야 한다. 언제까지 과거의 관습에 묶여 그릇된 것을 보고도 눈감아 버리고 살아야 하는가?

12 _새로운 인생 2막을 준비하자

허겁지겁 달려온 인생, 이대로 계속 가고 싶은가? 이 질문은 나 자신에게 끊임없이 던졌던 질문이다. 물론 지금까지의 삶이 잘못되었다는 것을 의미하는 것은 아니다. 아니 또다시 산다고 해도 지금과 같은 삶을 살 것이다.

그러나 삶이란 예행연습이 없기 때문에 나름대로 최선을 다해 산다고 해도 뒤돌아보면 허겁지겁 살아온 느낌이 들기 마련이다. 인생을 두 번 사는 사람은 없다. 만약에 할 수만 있다면 한 번은 이런 삶을 살아보고 한 번은 다른 패턴으로 살아보면 참으로 알차고 보람되게 잘 살 수 있을 것 같은데 말이다. 하지만 순리(順理)에 맞지 않다.

그러나 그것이 결코 불가능한 일은 아니다. 바로 인생의 터닝 포인트를 만들면 된다. 예를 들어 우리는 지금 100세 시대를 살고 있으니 50세 이후부터는 삶의 형태를 바꿔보는 것이다. 삶의 방식이나 자신의 가치관 혹은 삶의 목표 등을 전면 재검토하고 새롭게 정립하여 전반부 인생과는 다르게 인생을 설계해보면 어떨까?

자신이 살아온 전반부 제1막 인생은 리허설로 생각하고, 살아보고 싶었던 인생을 제2막에서 멋지게 살아보자. 내가 꿈꿔왔던 인생 혹은 남의 인생을 보고 부러워했던 것처럼 자신의 인생 제2막의 삶을 아름답고 화려하게 꾸며보는 것이다. 충분히 가능한 일이다. 이제는 사회 전반적인 시스템이 그것을 뒷받침할 수 있도록 설계되어 있고, 사회관습이나 문화도 많은 변화가 있기 때문이다. 바야흐로 인생 100세 시대인데 삶의 터닝 포인트를 마련하지 못한 채 과거의 패턴 그대로 100세까지 산다면 정말 지겹지 않겠는가!

살아온 나날을 뒤돌아보면 찰나(刹那)처럼 느껴지지만 사실 100년은 엄청난 세월이다. 그 기나긴 세월 속에서 한 번쯤은 정말로 다른 인생처럼 살아보는 것도 참 재미있고 가슴 떨리는 일이 되리라 본다. 꼭 한 번만 다른 인생을 살아보라는 것은 아니다. 할 수 있다면 두 번, 세 번도 자신의 삶의 방정식을 바꿔보기를 권장하고 싶다. 얼마나 신나는 일이겠는가?

지금까지 자신의 삶이 구질구질하게 살아온 인생이었다고 생각되면, 인생 2막부터는 보다 세련되고 멋지게 변화하면서 살아보면 어떨까? 인생 2막 시작이 꼭 나이 50이 아니어도 상관없다. 사람은 누구에게나 인생의 터닝 포인트가 있기 마련이다. 그 시점이 바로 기회인 것이다.

온갖 근심 걱정 다 짊어지고 살아온 인생이라면 다음 인생은 그런 것들은 모두 날려 보내고 화끈하면서도 밝고 희망차게 살아보는 것이다. 충분히 가능하다고 장담할 수 있다. 그러한 인생을 살고 있는 사람들을 많이 접해본 필자도 제2막의 인생을 기다리며 오늘도 준비하고 내일도 준비할 것이다.

단지 생각만 바꾸어도 놀라운 변화가 시작된다. 나라고 못할 것이 뭐가 있겠는가? 나도 할 수 있다는 자신감으로 자신이 처해 있는 현재의 삶과 다른 삶을 도전해보라! 아마 생각지 못한 다른 인생이 시작될 거라고 확신한다. 진정 한번 시도해보기 바란다.

나이 50이 되던 2012년, 나는 새로운 꿈을 꾸기 시작했다. 나의 '삶의 방정식'을 제대로 한번 변화시켜보자고 마음먹었다. 그 꿈은 박사학위 도전이었다. 직장생활을 하면서 박사학위를 취득한다는 것이 녹록지 않음을 잘 알면서도 꼭 도전해보고 싶었다.

굳게 결심하고 나의 인생 2막을 여는 심정으로 늦은 나이에 학문의 문을 두드리게 되었다. 그리고 꼬박 4년 동안 휴일을 온통 반납하였다. 그동안 좋아했던 등산, 골프 등 모든 취미생활을 접고 아내와 가족들의 허락을 어렵게 받아 그때까지 익숙했던 생활을 180도 변화시켰다.

업무시간을 제외한 모든 시간은 관련 서적 탐구와 논문 준비에 투자하였다. 그 결과 박사과정 코스웍 2년, 연구기간 2년, 총 4년 만에 박사학위논문 심사를 힘겹게 통과해 학위를 받게 되었다. 너무나 즐거웠고 보람되었다. 그렇게 해서 지금은 나에게 또 다른 명칭이 붙었다. '경영학 박사'라는 명칭은 아직 나 자신도 어색하고 낯설다. 그럼에도 왠지 든든하고 값진 결과물로 생각된다. 쉽게 얻어진 것이 아니라 그동안 많은 돈과 시간을 투자한 결과이기에 더욱 귀중하다.

박사 학위를 받은 후부터 생활에 많은 변화가 일어나고 있다. 우선 관계를 갖는 많은 사람들이 학문과 연계된 사람들이고 그들과 토론하는 주제도 이전과는 달라졌다. 또 다른 세계가 열린 느낌이다.

가장 중요한 점은 내가 생각하는 삶의 방식이 달라진 것이다. 그전까지는 퇴직 후에 무슨 일을 하면서 살아 갈 것인가? 인생 2막의 목표를 어떻게 설정할 것인가? 하는 본질적인 문제들이 머릿속에서 떠나지 않았다. 그러나 지금은 달라졌다. 오히려 퇴직 후가 기다려진다. 분명한 목표도 생겼다. 그동안은 막연하게 생각했던 일들이었지만 이제는 구체적으로 그릴 수 있게 되었다. 이미 그 일들을 짬짬이 진행하고 있어 생활에 기쁨과 설렘이 넘친다.

그 일이란 책을 쓰는 것을 말한다. 그동안 마음속으로만 외쳤던 말들을 글로 표현하여 한권의 책으로 만드는 작업을 하고 있다. 내가 하고 싶은 말, 생각했던 감정들을 글로 표현하며 자신과의 대화를 나눌 때면 금세 훌쩍 몇 시간이 지나가 버린다. 그렇게 해서 머지않은 미래에 베스트셀러 작가가 되고 강연자가 되는 일을 너무나 꿈꿔왔기에 매일매일이 얼마나 즐거운지 모른다. 직장에서 나의 업무역할 이외에 또 다른 삶의 가치를 더해가고 있는 지금이 얼마나 소중하고 즐거운지 모른다.

나만의 '버킷리스트'를 너무 늦게 쓰지 마라. 영화 '버킷리스트'에 나온 주인공들처럼 죽음을 앞두고 마지막으로 해보고 싶은 일을 해보려는 뜻으로 '버킷리스트'를 활용하지 마라. 조금 일찍이 인생 2막을 자신만의 '버킷리스트'로 채워보자. 얼마나 신선하고 흥분되는 일이 되겠는가?

모든 행운은 무언가를 시도하고 도전하는 자에게 주어지기 마련이다. 비전을 갖고 꿈에 도전하고 싶다는 열망이 강하면 기회는 반드시 온다. 열망이 없기에 무수히 지나가고 있는 기회를 잡지 못할 뿐, 누구에게나 기회는 수없이 주어지고 지나가고 있다. 단지 기회를 기회로 보지 못하고 있을 뿐이다. 목표를 달성하기 위해 끊임없이 목표지점에 주파수를 맞추려고 시도한다면 마침내 당신이 바라는 기쁜 소식이 분명 날아들

것이다.

오래전에 나의 동료 중에 이런 사람이 있었다. 당시 그 친구는 30대 중반이었는데 자녀가 한 명 있었고 회사 주택조합으로 일찍이 집도 장만한 상태였다. 그 친구는 회사업무와 관련된 모든 일에 관심이 없었고 심지어 승진하려고 노력조차 하지 않았다. 그 친구는 빨리 나이를 먹었으면 좋겠다는 이야기를 늘 했다. 왜냐하면 그때가 되면 일은 하지 않아도 되고 편안하게 가족과 여행이나 다니며 노후를 즐길 수 있지 않겠느냐는 것이었다.

내 기억으로 당시 그 친구는 모든 일을 비관적으로 보기 일쑤였고 다른 사람이 열심히 노력하는 것까지 의미 없는 일로 간주해버리는 나쁜 버릇이 있었다. 본인은 낙천적으로 보이고 싶어 했지만 내가 생각할 때는 너무나 한심스러워서 불쌍하게 보이기까지 했다. 어쩌다가 그 친구와 대화를 나눠보면서 다른 시각을 갖도록 유도해보려고 하면 그냥 본인 주장만 내세울 뿐 다른 사람의 의견을 귀담아 듣지 않았기에 더 이상은 접촉하지 않았다.

오랜 세월이 지난 지금도 가끔씩 그 친구 생각이 난다. 당시 그 친구가 원하는 때가 다되어 가는 지금쯤 어디서 무엇을 하면서 지낼까? 괜스레 궁금해진다. 과연 본인이 희망한 대로 나이 든 삶은 즐거운 생활이 되고 있는지 말이다.

우리들의 삶이란 많은 갈등과 번민 속에 부지런을 떨며 살아가지만 뒤돌아보면 그 자리에 멈춰서 있는 자신과 마주할 때가 있다. 그럴 때면 한없는 외로움과 허망함이 밀려오는 것을 느낀다. 나는 지금 어디쯤 와 있는가! 가끔은 자문해보고 뒤돌아보아야 한다.

우리는 간혹 너무나 소중한 것을 순간순간 잃어버리고 사는 것 같다. 아무리 때 묻고 상처받은 영혼이라 해도 맑고 고귀한 정신을 잃지 않고, 닥쳐올 미래가 아무리 암담하다 해도 생각을 바꾸면 새 인생을 살 수 있다. 어느 순간에도 우리들의 참 영혼은 깨끗함을 잃지 않고 온전히 가슴속 어딘가에 고이 간직되어 있다. 시인 릴케는 일찍이 '젊은 시인에게 보내는 편지'를 통해 자신의 모든 시선을 내면으로 돌리라고 말했다.

사실 지금껏 살아온 삶은 진정 내가 하고 싶은 일이 아니라 나에게 주어진 역할에 충실하고자 주변 사람들의 기대에 맞추어 살았던 게 아니었나 하는 의문이 들기도 한다. 바꾸어 말하면, 주어진 상황에 순종하며, 남이 낸 문제만 풀고 살지 않았나 하는 반성이 일어난다.

이제부터라도 내가 문제를 내어 스스로 풀고 내 정답으로 남은 인생을 살아보겠다고 다짐을 해보라. 당신의 삶은 어떠했는가? 당신의 삶에 점수를 매긴다면 몇 점 정도인가? 다른 사람의 삶을 기준으로 평가하지 말고 오직 당신 자신이 살아온 삶을 기준으로 평가해보기 바란다.

13 _일과 삶의 조화는 즐거움을 낳는다

행복은 저절로 알아서 찾아오지 않는다. 행복해지고 싶은 열망이 강한 자가 행복의 문을 두드릴 때 열리는 것이다. 행복하고자 하는 자는 '워크 앤 라이프 하모니'를 추구하는 사람이다. 행복을 느끼며 사는 사람은 자기에게 주어진 일과 삶을 두부 자르듯 명확히 구분하여 생활하는 것이 아니라, 일과 삶을 조화롭게 꾸미며 생활하는 사람들이다.

갤럽(Gallup)에서 155개국을 대상으로 '행복하기 위해서 무엇이 가장 중요한가?'를 조사한 설문결과는 무척 흥미롭다. 놀랍게도 사람들이 가장 중요시하는 것은 돈도 아니고 건강도 아니었다. 사랑·자유·평화도 아니었고 바로 '일'이었다.

심리학자 프로이트가 사람다움의 가장 중요한 두 가지 기반은 '사랑과 일'이라고 했듯이 '일'은 우리 삶에서 가장 의미 있는 영역을 차지한다. 문제는 이토록 중요한 '일'을 돈을 벌기 위한 수단이자 도구로만 인식하는 경우가 대부분이라는 것이다. 그래서 단순히 '일과 삶의 균형'보다는 '일과 삶의 하모니'가 현대 생활에서는 더욱 적합하다.

'일과 삶은 대립의 개념이 아니다. 인생의 중요한 두 가지 가치를 조화롭게 구성하고 시너지를 발휘하면 인생은 한층 더 부드러워지고 자신의 삶은 더욱더 빛을 발하게 된다.

자기의 삶을 자기 스스로 개척하고 스스로 동기부여를 받으며, 남에 의해서가 아니라 내 자신이 내 삶의 주인이 되어 스스로를 리드해 나가는 사람을 '셀프리더'라고 부른다. 일과 삶의 문제에 있어서 '셀프리더'들이 추구하는 것은 '워크 앤 라이프'가 아니라 '워크 앤 라이프 하모니'이다.

그들은 일과 삶을 하나로 인식하며, 어떻게 하면 두 가지 모두를 조화롭게 가꿀 것인지를 항상 고민한다. 조화롭다는 것은 평온하면서도 즐거운 것이다. '지지자 불여호지자, 호지자 불여락지자(知之者 不如好之者, 好之者 不如樂之者)'라 했다. 일을 즐기는 자는 어떤 사람도 당할 수가 없다. 삶이 즐거워야 일이 재미있다. 따라서 업무의 생산성이 높아지기 위해서는 일과 삶이 적절하게 조화되어 서로를 부양하며 상호 에너지원이 되어야 한다.

행복은 돈이나 재능만으로 얻을 수 없다. 바로 '일과 삶' 속에 어우러져 있다. 아리스토텔레스는 말했다. "사람에게 주어진 역량을 최대한 개발하고 발휘하여 성장하면서 살아가는 것이 행복한 삶이요, 최선의 삶이다."라고 하였다.

독일의 사회심리학자 에리히 프롬(Erich Fromm)에 따르면 "인간의 행복이나 성장을 바라는 인도주의적 윤리를 실천할 때에 행복할 수 있다."라고 했다. 행복학의 권위자인 숀 아처(Shawn Achor) 하버드 대학교 교수는 행복이란 "사람의 잠재력을 높여가는 즐거움"이라고 정의했다. 또한 긍정심리학의 창시자 마틴 셀리그먼(Martin Saligman) 교수는 행복의 세 가지 요소는 '즐거움, 몰입, 그리고 목적의식'이라고 했다.

그리고 심리학자인 바바라 프레드릭슨(Barbara Fredickon) 노스캐롤라이나 대학교 교수는 "행복은 긍정적 마인드에서 비롯되며, 긍정적 마인드는 즐거움, 감사, 평정심, 흥미, 희망, 자긍심, 유희성, 고무됨, 경탄, 사랑 등의 감정으로 구성되어 있다."라고 말했다.

행복의 반대말은 불행이 아니라 불만이다. 항상 불만을 늘어놓으면 나도 모르게 어느새 불행과 친해져 버리는 것이다. 결코 불행은 한순간에 찾아오지 않는다. 마치 천천히 늪에 빠지는 것처럼 말이다. 역시 불행의 주범은 부정적인 생각이다. 과도한 걱정과 소용없는 후회가 불행해지는 지름길이 된다. 조건에서 행복을 구하지 말고 불만을 긍정으로 바꾸는 데서 행복을 찾아야 한다.

직장인의 불만사항에는 흔히 '시간 외 근무 문제'가 들어 있다. 즉 야근을 한다든지 휴일에 업무를 한다든지 해서 자기 개인시간이 침범되었을 때 불만이 나오기 마련이다. 엄밀하게 본다면 불만이 아니라 당연히 나올 수 있는 잘못된 관행이다.

법적으로도 근로자가 근무 외 시간에 일을 하게 되면 회사는 금전적으로 보상을 해야 한다고 되어 있다. 그래서 금전보상이 되는 야근이나 휴일근무는 문제가 되지 않는다. 문제는 대부분 보상이 되지 않으면서 야근을 한다거나 휴일 근무를 하는 경우다. 즉 자의가 아니라 상사나 직장 분위기에 의해서 비자발적으로 시간 외 근무를 하게 되었는데 금전보상이 없는 경우를 말한다.

직장 상사들이 "요즈음 직원들은 근무시간은 칼같이 지키고 요구할 것은 다하면서 자기 것은 절대 양보하지 않는다. 우리 때는 야근을 밥 먹듯이 하면서도 불평불만 하지 않았다."라고 하면서 은근히 불만을 토로(吐露)하는 경우가 많다. 반대로 부하 직원들은 "상사들은 근무시간에도 자기 일 다 보면서도 직원들이 무슨 일을 하는지도 모른다."라고 불만을 말한다.

시대 상황에 맞게 업무시간 이외에 근무하는 것은 당연히 금전보상이 있어야 되겠지만, 그 문제를 가지고 이러쿵 저러쿵 불평불만을 가지는 것은 소모적인 일이라고 생각한다. 어쩌면 그 문제는 당연히 '일과 삶의 조화'로 풀어갈 수 있는 문제이기 때문이다.

삶의 시간을 일 하는 시간과 그 이외의 시간으로 분명히 구분할 수는 없다. 똑같은 삶의 시간이 지나갈 뿐이다. 일하면서 보낸 시간이 충만해 행복한 시간이 된다면 퇴근 후의 시간도 당연히 행복한 시간이 될 것이다. 또한 근무시간 이외의 시간이 휴식으로든 자기계발 시간으로든 충실해진다면 그로 인한 에너지는 업무로 이어지는 것이기에 사실 일과 삶은 엄밀하게 구분할 필요가 없다. 그 모든 것이 하나의 삶으로 형성된다. 단지 두 가지를 어떻게 조화시키느냐 하는 것이 관건이다. 조화로운 삶이란 결코 어느 한쪽으로 치우치지 않고 서로가 에너지를 주고받으면서 균형 감각을 유지할 때 가능해진다.

오랜 기간 직장생활을 하고 있는 필자 역시 완벽하게 조화로운 삶을 살았다고 말할 수는 없다. 대체로 일과 삶의 조화를 이루기 위해 노력은 했지만 중간 중간 균형이 깨지면서 삶의 부조화로 심각한 상황을 경험하기도 했다.

지금으로부터 20년 전 초급 관리자가 되어 처음으로 맡은 업무가 지방 사업소의 영업과장 직책이었다. 초급 간부로서 주어진 임무를 완벽하게 수행하고 다른 사람으로부터 인정받고자 하는 욕심으로 회사업무에만 몰두하다가 그만 '탈진 증후군(burnout)'을 경험한 적이 있다. 그때 일을 생각하면 지금도 몸서리 칠 정도로 당시에 증상이 매우 심각했다. 병원에 입원하여 치료를 받고도 회복이 되지 않아 결국에는 휴직까지 할 정도였으니 당시 얼마나 상처가 깊었겠는가?

그 일로 나 자신은 물론 회사에도 많은 손해를 끼치는 결과를 초래했다. 나 자신을 잃어버린다는 것이 얼마나 무서운지를 그때 새삼 깨우쳤다. 또한 평범하고 조화로운 삶이 얼마나 귀중한지도 그때 절실하게 실감했다. 사실 그 경험이 나에게는 보약이 되어 나는 '일과 삶의 조화'를 만들어 가는 방법을 몸소 체득했고 무엇보다 그 중요성을 깊게 인식하게 되었다.

중요한 것은 다름 아닌 '일과 삶' 모두를 긍정적인 시각으로 바라보는 지혜이다. '일과 삶'을 통한 행복의 문은 두 개가 아니다. 일과 삶 모두가 적절하게 어우러져 있을 때 행복을 찾을 수 있는데 그것은 '조화'라는 문을 통과해야만 가능하다.

두 주체를 두부 자르듯 분명하게 나눌 필요는 없다. 서로 상생할 수 있도록 도와주다 보면 하나가 상승하고 또 다른 하나가 자동으로 상승해 그 합이 행복이라는 커다란 선물로 나타나게 된다.

14 _AI시대에도 인간의 참모습이 우선이다

요즈음에 가장 핫한 이슈중 하나가 인공지능(AI)이다. 인공지능과 관련하여 제4차 산업혁명을 다룬 책도 많이 출판되고 있으며 강연도 많이 열리고 있다.

제4차 산업혁명은 지난 2016년 1월에 열린 다포스 포럼의 핵심주제였다. 다포스 포럼의 창립자이면서 경제학자인 클라우스 슈밥은 그의 책 『제4차 산업혁명』에서 4차 산업혁명은 인간과 컴퓨터의 조화가 이뤄낸 파괴적 혁신이라고 했다.

인공지능, 빅데이터, 3D프린팅, 자율주행, 나노기술, 뇌과학, 유전공학 등이 새로운 산업을 이끌어가고 재편한다는 것이다. 2016년에 컴퓨터와 인간의 대결로 세간의 이목이 집중된 구글의 알파고와 이세돌 9단의 바둑대결이 있은 후부터 부쩍 화제가 되고 있는 인공지능(AI)은 이미 우리들 삶속에 깊숙이 들어와 있다. 인간과 알파고의 첫 번째 대결이 있기 전에는 이세돌 9단의 승리를 예상하는 사람이 절대적으로 많았으나 결과는 알파고의 승리로 끝났다.

두 번째 알파고와 대결은 바둑 세계 1위인 중국 커제 9단이 2017년 5월에 대국을 펼쳤지만 결과는 역시 알파고의 일방적 승리로 끝났다. 이것만 보아도 계속 진화해가는 인공지능의 한계는 이제 예상하기가 불가능할 정도라는 게 과학자들의 보편적인 평가다. 당시 커제 9단은 알파고에게 일방적인 패배를 당한 후에 회한(悔恨)의 눈물을 흘렸다고 한다. 이를 두고 세간에서는 '커제의 눈물'은 미래 인간이 흘리게 될 눈물을 의미하다고 말하는 이들도 있다.

인공지능이 미래사회에 인간에게 미치는 영향을 감안해 본다면 인공지능 시대를 마냥 반가워할 일만은 아닌 것 같다. 더욱 두려운 점은 컴퓨터가 스스로 학습을 하여 지능체계를 만들어가는 '딥 러닝(Deep-Learning)'의 단계까지 기술이 진보하였으니 이제 과학기술의 진보는 막고 싶다고 막을 수 있는 단계는 아니다. 솔직히 인공지능이 인간에게 재앙이 될지 희망이 될지는 누구도 모른다. 아마 두 가지 측면을 동시에 포함하고 있지 않나 싶다.

이제는 세계 곳곳에서 '감성지능' 로봇이 나오고 있다. 사람들과 상호작용을 하며 어휘력과 지식을 확장해 나가면서 로봇이 스스로 무슨 말을 해야 할지를 결정하고 사람과 대화를 나눌 수 있게 된 것이다.

인공지능은 인간 세상을 편리하게 만들고 사람이 직접 실행하기 어려운 일을 대체하는 효과도 있지만 날로 발전해가는 정보기술의 진화는 '인간상실' 혹은 '자아상실'을 우려하는 목소리로 변해가고 있다. 이 모든 것을 인간이 만들어 낸 것이지만, 이제는 이러한 과학의 발달, 산업의 변화를 인간의 능력으로도 막을 수 없게 되었다.

문제를 인식한다면 해결책을 제시해야 하지만 특별히 대안을 만들어내기도 쉽지 않다. 오로지 인간이 할 수 있는 것이라면 '백투더 베이직(back to the basic)', 즉 인간 본연의 모습을 찾아 기본으로 돌아가는 훈련과 마음자세다.

웰본(well-born), 웰빙(well-being), 심지어 요즈음에는 웰다잉(well-dying)까지 주제로 떠오르고 있다. 사람들은 태어난 순간부터 죽음에 이르기까지 건강한 삶을 이어가기를 희망한다. 세상에 태어난 것이 본인의 선택에 의해서 결정되는 것은 아니지만 좋은 환경, 좋은 가정에서 태어나든 아니든 인간의 탄생은 존엄하다. 그래서 탄생은 누구든 훌륭하고 귀중한 존재로 살아갈 수 있는 자격을 신으로부터 부여받았다는 의미에서 '웰본'이 삶의 시작이 된다.

웰빙(well-being)은 순 우리말로 '참살이'라고 한다. 사전적 의미로는 정신적·육체적인 건강과 행복, 복지와 안녕을 의미하고 사회적 의미로는 물질적 부가 아니라 삶의 질을 강조하는 생활 방식을 의미한다.

산업발달과 더불어 떠오르는 '상실의 시대'를 살아가면서 정신적 풍요와 행복, 자기만족 등 삶의 중요성이 더욱 부각되기 시작했다. 이러한 의식과 행동방식을 '웰빙'이라는 말로 총칭하고 있다. 말하자면 웰빙이란 육체적·정신적 건강의 조화를 통해 행복하고 아름다움을 추구하는 삶의 방식이나 문화를 통틀어 일컫는 개념이다.

웰빙을 추구하는 사람들은 육체적으로 질병이 없는 건강한 상태뿐아니라, 직장이나 공동체에서 느끼는 소속감이나 성취감 정도, 여가생활이나 가족 간의 유대, 심리적인 안정 등 다양한 요소들을 웰빙의 척도로 삼는다. 몸과 마음, 일과 휴식, 가정과 사회, 자신과 공동체 등 모든 것이 조화를 이루어 어느 한 쪽으로 치우치지 않은 상태를 유지하는 것이 진정으로 건강한 삶의 목표이다.

그러고 보면 1980년대 중반 유럽에서 시작된 슬로푸드(slow food) 운동, 1990년대 초 느리게 살자는 기치를 내걸고 등장한 슬로비족(slow but better working people), 부르주아(bourgeois)의 물질적 풍요와 보헤미안(bohemian)의 정신적 풍요를 동시에 추구하는 보보스(BoBos) 등도 웰빙의 한 형태이다.

웰빙은 스스로가 조절할 수 있다는 주체성에 관한 것이기에 각자의 신념에 영향을 준다. 인간의 생활은 상호 의존적이며, 개인의 행동은 타인의 웰빙에 상당한 영향을 주게된다. 좀 더 건강한 삶을 살아가기 위해서는 많은 사람들과 정보를 공유하며 더불어 사는 방법에 익숙해져야 한다.

반면, 웰다잉(well-dying)은 삶을 마감하는 것도 존엄한 행위이기에 의식 상태에 있을 때 각자가 아름다운 이별을 선택할 권리를 지니고 있다는 것에 기인한다.

2016년 중반까지 캐나다, 벨기에 등을 포함하여 안락사를 법적으로 허용한 국가는 전 세계에서 6개국이다. 지난해 미국에서는 캘리포니아 주가 안락사를 허용했고 이전에 이미 허용이 된 오리건, 워싱턴, 몬태나, 버몬트까지 5개 주에서 안락사를 허용하고 있으며 20여 개 주에서 관련 입법이 진행 중이다.

또한, 2017년 1월 프랑스에서 통과된 '웰다잉법'은 소극적 안락사를 인정하는 형태다. '소극적 안락사'란 불치병 말기 환자를 대상으로 연명 치료 중단 또는 마취제를 이용해 깊은 무의식 상태로 만드는 방법이다. 영국, 독일, 일본 등이 이와 같은 형태의 안락사를 인정하고 있다. 우리

나라도 '호스피스·완화의료 이용 및 임종 과정에 있는 환자의 연명의료 결정에 관한 법률'이 2016년 2월에 공포되어 웰다잉에 대한 문제는 더욱 관심이 높아질 것이다.

웰(well)의 사전적 의미는 '잘', '제대로'이다. '잘'이란 내가 실행한 일들이 본인 스스로도 만족할 뿐만 아니라 남들도 똑같이 느끼는 상태를 말한다. 즉 모든 일을 함에 있어서 기본에 충실해지는 것에서부터 시작된다. 잘 생겼다, 잘 어울린다, 잘 되었으면 한다, 잘했다 등의 표현은 우리 일상에서도 수없이 반복되는 표현이다. 물론 함축적인 표현이지만 그 속에 모든 것이 포함되어 있다.

나만 좋다고 해서 '잘'이 되는 것은 아니다. 남들도 인정하고 모든 것이 조화롭게 어우러져 있을 때 그런 표현이 자연스럽게 나온다. '잘'이란 표현은 바로 진정성, 투명성, 윤리성, 배려, 정직성 등이 모두 그 어떤 행위에 담겨 있을 때 가능한 것이다. 나에게 존재하는 모든 현상이나 행위가 이루어짐과 동시에 바로 앞에서 언급한 도덕적 요소들이 내 몸속에서 체화(體化)되어 그 일이 결과물로 나타낼 때 '잘'이란 단어가 앞에 붙는 것이다.

흔히들 말한다. "행복하게 잘 살아야 한다." 행복하니까 잘 사는 것인지, 잘 살아서 행복한 것인지는 '계란이 먼저냐 닭이 먼저냐'하는 난센스적인 문제와 같다. 무엇이 먼저인가에 중요성을 두는 것이 아니라 바로 조화롭게 삶을 가꾸며 스스로가 자신을 존엄한 존재로 여기며 행복해질 수 있게 마음을 다스리는 것이 최선이다.

15 _당당하게 날갯짓하며 살아라

우월감과 열등감은 백지장 한 장 차이다. 비교의 관점을 누구에게 맞추느냐에 따라 두 가지 감정이 동시에 존재할 수 있다. 정작 자신은 변한 게 없는데 비교 대상에 따라 감정이 교차한다. 자기보다 능력 있고 뛰어난 사람들 앞에서는 열등감을 느끼고, 반대로 자기보다 부족하다고 판단되는 사람들 앞에서는 우월감으로 우쭐댄다.

그래서 대부분의 사람들은 살아가면서 남에게 지지 않으려고, 남보다 더 많이 가지려고 한다. 때로는 열등한 존재로 남에게 무시당하지 않으려고 자신을 있는 그대로 인정하지 못하고 자신이 아닌 남이 되려고 발버둥치는 것이다.

지구상에 70억 인구가 살고 있지만 각기 다르다. 그 많은 사람들 중에 지문이 동일한 사람이 없다는 것은 얼마나 신비한가? 원래 인간은 누구와도 비교할 필요가 없게 조물주가 각자를 독특하게 만들었다. 그러나 그와 같은 자연의 섭리를 거스르고 남과 비교해서 만족을 얻으려는 탓에 모든 고통과 불행이 시작된다.

본래 타고난 대로 각자 다름을 인정하고 자신의 존재가치를 깊이 인식해야 한다. 또한 남과의 비교를 통해 나를 찾으려고 하지 말아야 한다. 대신 자신 내면의 소리에 귀 기울이며 묵묵히 자기만의 삶을 개척하면서 살아갈 때 비로소 온전한 자기 삶의 주인이 될 수 있다. 그러한 인식과 행동이 실천될 때 열등감은 사라지며 나만의 진정한 우월감이 생긴다.

정신분석학자 알프레드 아들러(Adler)는 "자기가 타인에 의해 우월한 것처럼 행동하는 모든 사람들 배후에는 열등감이 숨겨져 있다."라고 했다. 그렇다. 우리는 마음속에 항상 우월감과 열등감 두 가지 감정을 동시에 지니고 있는데 그중 어느 것을 표출할 것인지는 본인 자신이 선택할 뿐이다.

열등감은 자기애가 강한 사람에게서 나타난다는 연구결과가 있다. 남들에게 우월한 것처럼 보이고 싶어 하지만 그럴 수 없을 때 스스로 자신을 깎아내리는 심리적 작용이다. 실제로 열등감이 심한 사람들을 보면 전혀 그런 감정을 느끼지 않아도 될 만한 사람들이 대부분이다. 객관적으로 열등감이 높은 사람들을 타인과 비교해보면 여러 면에서 높은 수준에 있거나 의외로 우월한 면이 많은 사람들이라는 것을 알 수 있다.

열등감은 스스로를 낮추어 평가하는 감정으로서 좋게 보면 겸손으로 보일 수도 있다. 그러나 정확하게 말하면 겸손은 상대를 존중하고 배려하려는 마음에서 나오는 절제된 미덕이기에 열등감과는 다르다. 오히려 열등감은 자기비하 혹은 자기혐오에 가깝다. 즉 남들과 비교해서 자기 스스로의 약점을 들춰내어 꼬집고 그 약점을 마음속으로 대책 없이 원망하는 심리적 태도이다.

더욱 문제가 되는 것은 열등감이 깊어지고 오랫동안 지속되면 대부분은 정신적인 장애로 이어진다. 결국 남과의 비교는 자신을 한 단계 업그레이드시키기보다는 자신을 파괴해버리는 결과를 초래한다.

필자도 한때는 열등감에 시달리고 괴로워했던 시기가 있었다. 단순히 마음치료로 끝날 수 없는 지경이 되어 결국 정신과 치료까지 받게 되었다. 그로 인해 당사자인 나는 물론이고 가족 전체가 그 아픔을 고스란히 떠안고 보냈던 시간들이 가끔씩 몸서리치게 떠오르곤 한다. 그럴 때는 악몽을 꾸는 것처럼 온몸에 땀이 밴다. 다행히도 가족, 특히 아내의 헌신과 주위 몇몇 사람들의 적극적인 도움으로 그 길고 캄캄했던 터널을 빠져나올 수 있었다.

지금 생각해보면 그때 뼈저리게 아팠던 기억이 내 인생의 보약이 되고 예방접종이 되어 이제는 우울한 감정에 노출될 위험을 사전에 제거하고 퇴치하는 면역체계를 갖추게 된 듯하다. 그 시절 깊게 새겨진 절망감이 이제는 내 몸속에 면역 항체로 남게 되었다.

물론 열등감은 때론 좀 더 나은 발전을 위한 에너지원으로 작용되기도 한다. "뛰어난 재능과 능력은 항상 부족하다고 느낀 데에서 비롯된다."라는 말이 있다. "나를 죽이지 않은 역경은 나를 키운다."라는 니체의 말처럼 지나친 자조(自嘲)나 열등감에 빠지지 않는다면 내가 아직 부족하고 갈 길이 멀다고 생각할 때, 쉽게 자만하지 않고 조금 더 나은 미래를 향해 꾸준히 노력하게 된다.

뭔가 성취하기를 원한다면 반드시 전제되어야 할 일이 있다. 스스로에게 재능이 없다는 생각을 단호하게 부인해야 한다. 본인 스스로가 재능을 갖고 있다는 확고한 신념이 없다면 아무리 뛰어난 능력이 내재되어 있더라도 소용이 없다. '나는 재능이 없다'라고 생각한 순간에 모든 기회는 사라지게 되고 내게 향하던 모든 행운은 발길을 돌린다.

이미규의 저서 『1퍼센트만 바꿔도 인생이 달라진다』에서 발췌한 글이다. "겸손도 지나치면 병이 된다. 더구나 스스로가 재능을 탐색하고 개발하려는 노력도 없이 그저 특별한 재능이 없다고 체념하는 것은 스스로 무덤을 파는 것이나 다름없다. 바로 이러한 생각들이 파괴적인 열등감을 유발하는 원인이 된다.

재능은 누구에나 있다. 단지 누구에게나 있는 각자의 재능을 발견할 기회를 갖지 못했거나 개발하려는 의지가 부족한 나머지 없을 것이라고 단정하기 때문에 자기의 재능을 찾아내지 못할 뿐이다."

일찍이 에디슨은 "인간은 1퍼센트의 타고난 재능과 99퍼센트의 노력에 의해 성공한다."라는 명언을 남겼다. 누구든 어느 분야에서든 적어도 1퍼센트의 재능은 잠재되어 있다. 문제는 99퍼센트의 노력이 절대적으로 요구되는 것이다. 그러나 보통 사람들은 그보다 훨씬 못 미치는 노력을 탓하기보다는 본인의 재능을 탓한다.

한 분야에서 우뚝 성공한 사람들이 말하는 공통적인 특징은 그들이 그 분야에 재능이 있었다고는 말하지 않는다. 단지 남들이 흉내 낼 수 없을 정도의 연습과 노력 덕분이라고 말한다.

열등감은 마음 깊은 곳에 숨어있는 응어리일 뿐 그 이상 아무것도 아니라는 사실을 스스로 인식해야 한다. 그리고 과거의 나쁜 경험이나 감정에 얽매여 사는 것이 얼마나 어리석고 소모적인지를 깊이 깨닫고 자신도 모르는 사이에 빠져 들어간 그런 감정에서 속히 벗어나려는 노력이 무엇보다 필요하다.

이제부터 여러분이 어떻게 살 것인지를 선택해야 한다. 행복도 행복하고자 노력하는 사람에게만 주어지듯 열등감에 시달리면서 자신을 파괴하며 살기보다는 자신만이 가지고 있는 우월한 특성을 발견하고 꾸준히 닦고 가꾸어 당당하게 세상을 향해 날갯짓하며 살아야 한다. 다시 말하지만 오직 여러분 자신만이 그 열쇠를 쥐고 있다는 것을 틈틈이 마음속에 새겨 넣어야 한다.

16 _상대를 인정하면 자연스러워진다

톨스토이는 "각자 자신만을 위해 산다면 모두 다 불행하다. 하지만 남과 같이 한다면 모두 행복해질 것이다. 그리고 네가 대접받고 싶은 대로 남을 대접하라."라고 말했다. 진정한 리더는 자신만을 위해 살지 않는다. 그리고 행복은 타인을 사랑하고 포용하는 마음에서 출발한다는 사실이다. 동양사상이든 서양사상이든 사람 사는 이치는 마찬가지이다. 나를 바로 세우되, 항상 상대를 생각하는 역지사지(易地思之)의 마음을 가져야 한다.

요즈음에 너나 할 것 없이 중요한 키워드가 된 소통은 바로 상대를 생각하는 마음에서부터 출발한다. 먼저 내가 진정성을 갖고 역지사지의 마음으로 상대를 대할 때 비로소 소통이 이루어질 수 있다. 설령 진정성이 있다 해도 내가 달성하고자 하는 목표만을 생각하면서 상대를 대할 때는 그 진정성이 상대에게는 고집으로만 보일 뿐이다. 상대가 원하는 목표도 고려하면서 나의 목표를 제시할 때 비로소 소통이 가능해지는 것이다.

소통이 이루어져야 서로의 차이를 좁힐 수 있다. 즉 소통은 상대의 마음을 열어야 한다. 그러기 위해서는 내가 먼저 공감과 배려의 마음을 지니고 다가서야 한다. 공감과 배려가 없는 소통은 협상의 기술에 지나지 않는다.

우리 선조들은 남을 배려하는 정신이 특히 뛰어났다. 과거 우리네 풍속 자체가 남을 배려하면서 함께하는 공동체 생활을 강조했다. 상대를 헤아려 주고 상대의 어려움을 같이하려는 정신인 측은지심(惻隱之心)은 유교사상의 중요한 뿌리이다.

측은지심은 맹자의 성선설의 근간이 되는 인의예지(仁義禮智) 사상에서 비롯되었다. 측은지심(惻隱之心)은 다른 사람의 어려운 처지를 불쌍히 여기는 마음인 '인(仁)'을 나타내며, 수오지심(羞惡之心)은 정의롭지 못한 행위를 미워하고 부끄러워하는 마음인 '의(義)'를 나타낸 것이다. 그리고 사양지심(辭讓之心)은 양보할 줄 아는 마음인 '예(禮)'를 나타내며, 시비지심(是非之心)은 옳고 그름을 분별해낼 줄 아는 마음인 '지(智)'를 나타내는 것이다.

2014년에 독립영화로서 4백만 관객을 불러 모은 영화 〈님아, 그 강을 건너지 마오〉는 부부간의 공감과 배려가 얼마나 중요한지를 보여주는 영화로 실제 노부부가 주인공으로 출연해 이를 잘 보여주었다.

주인공인 할아버지는 스물셋에 아홉 살 아래인 열네 살 신부를 맞이했다. 그러나 할아버지는 한창 혈기왕성한 때에 나이 어린 할머니를 배려하여 첫날밤부터 할머니 곁에 다가가지 않았다고 했다.

할머니가 열일곱 살이 되어 부부간의 이치를 깨치고 할아버지 품으로 스스로 다가올 때까지 할아버지는 기다렸다고 회상한다. 이를 전하는 할머니의 대사 속에 할아버지의 배려에 대한 진한 고마움의 감정이 묻어났다.

두 분이서 외딴마을의 오두막집에서 살면서 한시도 떨어지지 않고 부부애를 쌓으면서 행복하게 살아갈 수 있게 만든 에너지는 바로 '공감과 배려'였다. 할아버지를 떠나 보내고 난 후 남편의 묘 앞에서 주저앉아 목 놓아 울부짖는 할머니의 서러운 모습에서 진한 감동과 애틋함을 느낄 수 있었다.

이 영화에서도 볼 수 있듯이 상대를 감동시키는 동력은 내 마음을 표현해 내 뜻을 나타내려고 하는 것이 아니라, 오로지 상대의 입장에서 생각하고 행동하는 진솔한 마음자세에서 비롯된다는 것을 새삼 느꼈다.

직장생활을 하고 있거나 경험이 있는 사람이라면 공감할 이야기라고 생각한다. 예를 들어 입사동기가 승진을 먼저 해서 직계 상사가 되거나 학교 동창생이 상위직책자로 있을 수 있다. 그와 유사한 사례는 많다. 그런 경험이 있는 사람도 있고 현재 그런 관계로 직장생활을 하는 사람도 있을 것이다. 그러한 상황이라면 당신은 어떠한 생각을 하고 어떻게 처신을 하겠는가?

당연히 "조직생활의 습성이나 조직문화를 인정하면서 깍듯이 상사로 대해준다."라고 말하는 사람이 절대다수일 거라고 생각한다. 공공사사(公公私私)라는 말이 있다. 공은 공이고 사는 사라는 뜻으로, 이해관계에서 공과 사를 엄격히 구별해야 한다는 의미이다. 직장생활을 해본 사람이라면 여기까지는 90퍼센트 이상 머리로는 공감할 부분이다.

그러나 속마음은 크게 두 가지로 나눌 수 있을 것이다. 하나는 겉으로만 인정하는 척하는 것이고, 다른 하나는 사적인 감정은 지워버리고 진정성 있게 상사로 모시는 것이다. 일반적으로 전자의 입장을 취하는 사람이 많을 것이다. 그처럼 머리로는 인정하면서도 마음으로 받아들이기는 쉽지 않다. 그렇게 된다면 상대를 진정으로 인정하지 못하고 있기에 우선 내 마음이 괴롭다. 결국 나를 제대로 보일 수 없는 것이다.

마음과 행동이 일치하지 않으면 모든 행위가 부자연스러운 법이다. 내 자신이 알고 있고, 상대방 역시 내 마음을 읽고 있기 때문이다. 반대로 상대를 진정으로 받아들일 때는 내 마음을 상대에게 편안하게 보일 수 있다. 그리고 내가 내 마음을 들여다볼 수가 있다. 더 이상 거짓된 행동이 아니기에 모든 행위가 자연스럽게 보이게 된다.

상대를 인정한다는 것은 상대의 존재가 '가치 있음'을 인정하는 것이다. 즉 상대의 정체성을 인정하고 더 나아가 상대의 입장과 상황을 인정하는 것이다. 그것은 '나'의 입장에서 상대를 평가하는 것이 아니라 상대의 입장과 상대가 현재 처한 상황에서 있는 그대로 상대방을 수용하는 것이다. 우리는 이렇게 상대의 입장에서 상대를 받아들이는 것을 '공감(empathy)'이라고 부른다.

우리 인간의 뇌에는 '거울 뉴런(mirror neurons)'이라는 신경세포가 있다고 한다. 타인의 행동을 온몸으로 이해할 수 있게 만드는 세포다. 즉 타인의 행동에 대해 공감하면서 자신의 생각과 일치됨을 느끼게 만드는 작용을 한다. 지난 2002년 월드컵 당시 우리 국민들이 보여준 뜨거운 장면을 기억할 것이다. 또한 요즈음 방송 중 〈나는 가수다〉 같은 서바이벌 프로그램을 보면서 감동으로 흘리는 눈물 등이 바로 우리 인간만이 가진 '거울뉴런'의 작용인 '공감능력'이다.

진정으로 상대를 인정하게 되면 비로소 상대에 대한 수많은 감정과 상대에게 사로잡혀 있었던 잡념들이 내 마음속에서 눈 녹듯이 사라진다. 그러한 상태가 되었을 때 내 마음이 텅 비워지고 여백이 생기는 것이다. 그때서야 진정으로 상대를 내 마음속에 담을 수 있다. 왜냐하면 내 마음이 가득 차 있으면 상대를 수용할 공간이 없기 때문이다. 그러면서 자연스럽게 내 모습이 상대에게도 투영(投影)되는 것이다. 결국 상대를 통해 나를 알게 되는 것이다.

17 _생각대로 살면 꽉 찬 느낌이 온다

어느 방송 프로그램에서 성공한 사람들의 이야기를 방영했다. 그 프로그램에 출연한 한 중년 남성은 지금까지 본인이 살아온 이야기를 했다. 그 남성은 그야말로 스펙이 좋은 인생을 산 사람이었다. 좋은 대학을 나왔고 역시 좋은 직장에 입사하여 승승장구하다가 결국 공기업체 사장까지 하였다. 이른바 출세한 사람이었다.

직장생활을 모두 마친 그는 인생 제2막을 완전히 새로운 일로 시작했다. 지금까지 마음속으로 꿈꿔왔던 조그만 카페 겸 식당을 차려 주방장 겸 서빙까지 1인 다역을 하는 카페 사장으로 변신한 것이다.

남들이 볼 때 부러울 것 없어 보이는 그 중년 남성의 인생 2막은 어떻게 보면 굉장히 처량해 보이기도 했지만 그의 고백은 정반대로 흥분에 들떠 있었다. "이제야 진정한 내 인생을 살고 있는 것 같습니다. 그동안 직장에서 성공가도를 달리면서 성취감은 맛보았어도, 이렇게 꽉 찬 느낌의 존재감은 가져보질 못했습니다. 지금 삶이 너무 행복합니다."

그렇게 심정을 밝힌 그 남성의 고백을 들으면서 '그게 진정한 인생이구나'라는 생각이 들어 오랫동안 여운이 남았다. 진정한 행복은 돈이나 출세로 만들어지는 것이 아님을 다시 한 번 느끼게 해준 사례였다.

명확하고 뚜렷한 자신의 생각이 없을 때는 다른 사람들이 정해놓은 규칙대로 살아가게 되고 남들의 행복 잣대에 자신을 맞추면서 살게 된다. 그중에서 많은 사람들은 "먹고살기 위해서 어쩔 수 없다."라는 표현으로 자신의 영혼을 버리는 듯 변명 아닌 변명을 하면서 살아가고 있다. 즉 그들의 변명을 달리 표현하면, 그들은 자신의 생각대로 살 수 있는 용기가 없거나 스스로의 인생 플랜이 없다는 이야기나 마찬가지다.

프랑스 시인 폴 발레리는 "생각하는 대로 살지 않으면, 사는 대로 생각하게 된다."라고 말했다. 자신이 원하는 삶이 뚜렷하지 않으면 주변 환경에 의해 살게 된다. 이때 사람들은 진실이 어떤 것인지에 대해서 관심이 없다. 단지 주변의 환경이 삶의 기준이 되고 남들의 생각이 진리가 되는 것이다.

그래서 남들 하는 대로 하지 않으면 본인한테는 굉장한 두려움이 된다. 내가 원하는 대로 살면 뒤처지고 밀려서 결국 인생의 낙오자가 될 것 같은 불안감이 싹튼다. 하지만 그것은 허상일 뿐, 용기 없는 사람들의 변명에 불과한 일이다.

'사는 대로 생각하는 것이 아니라, 생각하는 대로 산다는 것'은 나 자신이 나를 리드하며 주체적인 삶을 영위하기 위한 방법 중 핵심이 되는 것이다.

주체적인 삶이란 자신이 원하는 것을 찾고, 자신이 좋아하는 것을 하면서 당당하게 자신의 생활방식을 고수하며 사는 것이다. 단, 그것이 일반적으로 통용되어 있고 극히 상식적인 규범을 벗어나지 않는다는 전제에서 자신을 적극적으로 표현하며 자신의 삶을 영위하는 것이다. 주체적인 삶을 사는 사람들은 주변 환경에 지배되지 않고 본인의 생각대로 계획하면서 살기 때문에 자신이 주도하는 시간을 더 많이 확보할 수 있어 항상 풍성하고 충만한 본인의 세계를 가질 수 있다.

자신이 원하는 일은 긍정적인 정서를 유발하고 즐거움이 뒤따른다. 이를 '자기결정 역량'이라고 한다. 그래서 '자기결정역량'이 향상 될 수록 자존감이 높아지고 행복을 느끼는 빈도가 많아지게 된다.

사람들은 내적·외적 환경을 주도하기 위해서 적극적으로 노력하는 내재적 동기를 가지고 있다. 그래서 사람들은 누구나 주인공이 되고 싶은 욕구가 있다. 누구나 원하는 것을 스스로 결정할 때 느끼는 흥미와 즐거움은 그 일에 몰입하게 만들고 그 몰입은 곧 숙련으로 이어져 자신의 능력을 크게 확장시키는 계기가 된다.

원하는 것이 분명한 사람은 본인 스스로가 생각하는 대로 산다. 그런 사람은 자연스럽게 원하는 일에 집중하고 그렇지 않은 일에는 연연해하지 않기에 자존감도 높아질 수밖에 없다. 그렇기 때문에 의식의 집중도가 향상되고 불완전 자아 표출이 억제된다.

원하는 것이 뚜렷하지 않을 때는 이것저것 기웃거리며 한정된 의식을 분산시켜 제대로 몰입할 기회를 가질 수 없다. 원하는 것이 뚜렷할 때 취할 것과 버릴 것이 명확해지고 단호하게 대처함으로써 한정된 우리의 의식자원을 효율적으로 사용할 수 있다.

원하는 삶을 사는 사람은 자연스럽게 인내력이 생기고 지속성을 가지게 된다. 자신이 원하는 일을 하는 사람과 그렇지 않은 사람의 가장 큰 차이점은 역경과 실패를 해석하는 방식이 다르다.

원하는 일을 하는 사람에게 어려움과 난관은 헤쳐 나가야 할 도전의 대상이다. 즉 난관과 역경이 현실을 더 복잡하게 만들지만 그 복잡함이 이들에게는 자신들의 수준을 향상시켜주는 도전적인 과제로 인식되기 때문이다. 이것이 바로 원하는 일을 하는 이들이 회복력이 강한 이유이며, 어떤 어려움에도 자신의 일을 쉽게 포기하지 않는 이유이기도 하다.

자신이 원하는 것에 강한 흥미와 즐거움을 가지고 있으면 당연히 그것과 관련된 정보, 장소, 사람, 일을 찾아 나서게 된다. 달리 말하면 추구하고자 하는 목적이 있고 그 목적을 실행시키기 위한 행동이 이어진다. 이를 두고 법정스님은 '원행일치(願行一致)'라 했고, 법회가 열릴 때마다 강조했던 화두였다. 원을 세우면 반드시 행이 따라야 한다고 하였다. 둘 중 하나만 있다면 부질없는 일이 될 뿐이다.

자연스럽게 생각 속의 목적이 현실로 나타나는 '끌어당기는 현상'을 만들어 낸다.

목적하는 바와 관련 없는 것들이 필터링되어 사라지고 관련된 것들만 남아 더 강한 끌어당김을 만들어 내는 것이다. 이때 생각하지도 않았던 아이디어가 떠오르고 기회가 찾아오게 된다. 이런 시간이 축적이 되면 원하는 것들로 구성된 하나의 '형태의 장'이 만들어지고 그 힘은 더욱 강해진다.

파울로 코엘료(Paulo Coelho)가 『연금술사』에서 "당신이 무언가를 간절히 원할 때, 온 세상은 당신의 소망을 실현하도록 도움을 준다."라고 말한 것은 바로 이런 '형태의 장'을 두고 하는 말이다.

지속된 작은 것들이 모여서 점점 자신에게 익숙해지고 유능해지는 것은 자연스러운 일이다. '1만 시간의 법칙'이 뜻하는 것처럼 지속적으로 같은 자극을 마음과 뇌에 반복한다면 유능해지지 않는 사람이 없을 것이다. 성공의 열쇠인 인내와 지속성을 만드는 것은 자신이 어떤 생각을 하고 어떤 자세로 일을 대하는가에 달려 있다.

일본에서 경영의 신이라 불리는 이나모리 가즈오는 자신의 책 『카르마 경영』에서 "노력에 노력을 더하면 평범함은 비범함으로 바뀐다."라고 했다.

자신이 원하고 좋아해야 의욕도 생기고 노력도 하게 된다. 그렇기에 사람은 누구나 분명한 목표를 정해 놓으면 목표지점에 최단 거리로 도달할 수 있다. 무엇보다 자신이 삶의 주인이 되어 좋아하는 일에 흠뻑 젖어 행복한 기억만 가지고 자신의 시간을 보내게 된다.

바로 그것이 생각하는 대로 사는 사람들의 특권이다. 그러한 용기와 힘으로 살아간다면 어찌 행복하지 않을 수 있겠는가?

PART 03

셀프리딩 2단계 :
나를 바로 세우기

18 _인생항로의 목적지는 설정했는가

50대 중반을 바라보는 지금 이제까지 눈앞에 펼쳐진 것들만을 바라 보며 살아온 것이 아닌가 생각한다. "아직은 뒤돌아볼 여유가 있지 않다."라고 되뇌이면서 앞만 바라보고 살아오지는 않았는지 곰곰이 생각해 본다.

돌이켜보면 지나온 세월을 지탱해온 힘은 다름 아닌 '의무감'이었다고 생각한다. 이는 어느정도 인생을 살아본 사람은 누구나 동감할 것이다. 자식으로서 도리를 다하고, 한 집안의 가장으로서 역할을 다하고, 직장의 구성원으로서 책임을 다하기 위해서 지탱해온 삶이었다.

사실 무슨 거창한 비전과 목표를 세워서 여태껏 살아온 것은 아니다. 어찌 보면 대부분의 사람들의 삶의 형태가 비슷하다고 본다. 보통 사람들의 삶이 그렇다고 보면 그것이 바로 평범한 삶의 형태라고 말하고 싶다. 삶의 방식에는 옳고 그름이란 있을 수 없다. 단, 생활의 여건이 다르고 그가 처한 환경이 다르기 때문에 삶의 방식이 다를 뿐이다.

때로는 무척이나 행복한 감정이 밀려올 때도 있었고, 때론 허망함과 비통함이 넘쳐 스스로를 놓아버리고 싶은 때도 있었다. 행복한 시간보다는 오히려 삶의 무게로 힘들었던 시간들이 훨씬 많았는지도 모른다.

행복한 시간은 불행했던 시간보다 훨씬 빠르게 흐르기 때문이기도 하지만, 우리들의 삶이 이겨내고 극복하는 데 익숙해져 그렇기도 하다. 간간히 불어오는 산들바람이 내 지친 영혼을 깨우듯이 살면서 잠깐씩 내비쳐주는 행복이 그 힘든 시간들을 지탱하게 해준 에너지원이 된 것이다.

삶의 무게를 느끼게 하는 일들이 순서를 지켜가며 차례로 오는 것은 아니다. 갑자기 찾아오거나 한꺼번에 밀어닥치는 경우가 많기 때문에 삶의 무게가 유난히 무겁다고 느껴지는 것이다. 그러나 사람들마다 그 삶의 무게를 받아들이는 태도가 다양하다. 그 모든 것들은 각자 느끼는 생각의 차이에 의해서 다르게 다가오기 때문이다.

스티븐 올서의 『무엇이 당신을 최고로 만드는가』라는 책에 이런 구절이 있다. "지금 우리가 가진 것은 만족할 만큼 좋지 않으며, 더 많은 것을 갖기 위해 끊임없이 노력해야 한다고 믿도록 우리들 머릿속에 프로그래밍이 되어 있다. 우리가 가진 '물건의 질과 삶의 질' 사이에는 파괴적인 문화적 상관관계가 존재한다."

이러하듯 인간은 본능적으로 끝이 없는 만족을 추구하지만 물적 소유가 결코 삶의 질을 높일 수는 없다. 그렇기에 어느 누구든 인생의 무게를 느끼면서 살아갈 수밖에 없다. 그렇다고 삶의 멍에를 벗어 던져버릴 수도 없는 일이다.

그래서 힘들지만 버티고 지금까지 살아온 이유가 인간으로서 삶의 멍에 때문이지 않겠나 반문해본다. 한 발짝 다가갈수록 멀어져가는 '만족'이라는 삶의 멍에가 여기까지 우리를 데리고 온 가이드인 셈이다. 인생에서 가장 중요한 날이 두 번 있다고 한다. 하나는 '자신이 태어난 날'이고, 다른 하나는 '자신이 왜 태어났는지를 알게 된 날'이라고 한다.

삶을 영위해온 우리들에게 전자는 고려대상이 될 수 없다. 진짜 중요한 것은 후자로 '자신이 태어난 이유'에 대한 진지한 고민이 필요하다. 물론 그에 대한 정답이 있을 수 있겠는가? 수많은 고통과 깨달음을 통해 알 수밖에 없는 물음이다. 어쩌면 생의 마지막 날까지 그 물음에 답을 구하지 못하고 삶을 마감하는 사람이 더 많을 것이다. 아직은 나도 그렇다.

침몰해가는 배에서 탈출해 바다 한가운데 떠 있는 구명보트에 당신의 몸을 가까스로 실었다고 가정해보라. 사방을 둘러봐도 물결치는 파도밖에 보이지 않는 망망대해, 다행히 구명보트에는 노가 하나 있었다. 당신은 어느 방향으로 노를 젓겠는가?

부모로부터 독립을 해서 진정한 인생의 삶을 시작하는 이들의 모습이 흡사 그것과 비슷하지 않을까 생각해본다. 하루하루 각자 주어진 삶을 열심히 살지만 정작 어느 방향으로 가고 있는지에 대해 명확하게 알고 가는 사람이 얼마나 있을까?

바다 한가운데 떠 있는 구명보트의 주인공처럼 우리나라 중년의 대부분은 자신 삶의 항로를 설정하지 못한 채 힘겹게 노만 젓고 있지는 않은지! 오직 자신의 눈앞에 놓인 '의무감'으로 지나온 인생의 뒤안길을 뒤돌아볼 여유도 없이 살아왔으며 또 앞으로도 그렇게 살아갈 것이다.

시인 도종환의 〈흔들리며 피는 꽃〉이라는 시를 읽노라면 우리와 같은 보통 사람들의 삶을 노래한 것처럼 마음에 와 닿는다.

흔들리지 않고 피는 꽃이 어디 있으랴

이 세상 그 어떤 아름다운 꽃들도

다 흔들리면서 피었나니

흔들리면서 줄기를 곧게 세웠나니

흔들리지 않고 가는 사랑이 어디 있으랴

젖지 않고 피는 꽃이 어디 있으랴

이 세상 그 어떤 빛나는 꽃들도

다 젖으며 피었나니

바람과 비에 젖으며 꽃잎 따뜻하게 피웠나니

젖지 않고 가는 삶이 어디 있으랴

진정한 의도를 갖고 산다는 것은 그 이유를 이해하고 우리 행동 저변의 동기를 이해한다는 것이다. 소크라테스는 "반성하지 않는 삶은 가치 없는 삶이다."라고 했다. 당신의 삶이 어디로 항해할지를 생각해보고 주기적으로 '왜?'라고 자문해보는 습관을 가져보기 바란다. 그러한 습관이 내 삶의 이면을 볼 수 있게 만드는 능력을 키워주게 된다. 앞을 내다보고 스스로 '왜 내가 그걸 하려는가?'라고 묻는 편이 과거를 돌아보며 '이런, 왜 내가 그걸 했지!'라고 하는 것보다 훨씬 좋은 습관이다.

망망대해를 떠다니던 구명보트에 홀로 서 있던 그에게 어렴풋이 육지가 시야에 들어왔다고 상상해보라. 이제 어디로 가야 할지 분명한 목표가 생긴 것이다. 인생의 비전과 목표는 바로 그러한 것과 다름없다. 분명한 목적의식이 없는 사람들은 표류하게 된다. 세상의 물결이 흐르는 대로 휩쓸려 갈 수밖에 없기 때문이다. 그러기 전에 목표지점을 정해놓고 인생을 항해하다가 환경이 변하면 목표지점을 수정하면서 가는 것이 훨씬 수월하다.

당신 삶의 목표지점은 어디인가? 만약 이 물음에 답하기를 주저하고 있다면 당신은 지금 바다 한가운데에 지도도 없이 떠 있는 돛단배와 같은 신세나 다름없다. 서둘러서 결정해야 한다. 당신 인생 항로의 목표지점이 어디인지를!

19 _백투더 베이직, 기본에 충실하라

어느 누구에게나 많은 역경과 시련이 있기 마련이다. 기업을 경영하는 사람은 물론 평범한 직장인에게도 항상 주변 환경이 우호적일 수는 없다. 보통은 어려움이 닥쳤을 때 본래 자기의 모습이 보인다고 한다. 그럴 때일수록 자기 스스로를 이끄는 자세, 즉 셀프리더십이 약한 사람의 경우는 자기규제나 자기통제를 하지 못하여 그동안 본인의 것이라고 애써 믿었던 신념과 가치관이 사정없이 흔들리게 된다.

그 결과 힘들게 가꾸어 온 수신제가(修身齊家)의 모습은 사상누각처럼 와르르 무너져 내린다. 이러한 현상은 본인들의 문제로 끝나고 정리되면 좋겠지만 그러한 행동들은 유감스럽게도 대물림 현상을 보인다.

수신(修身)이 되지 않은 가장이 제가(齊家)를 할 수 있겠는가? 그렇지 못할 것이라는 걸 누구나 예상할 수 있다. 문제는 본인 자신 혹은 그 가정하나 제대로 이끌지 못하는 사람들이 많아지면 우리 주변은 무질서와 혼란이 가중된다는 점이다. 그런 현상이 심화되면 곧 사회를 지탱하는 각종 시스템이 붕괴되는 조짐이 보이기도 하고 각종 도덕적 해이(解弛)가 만연될 수밖에 없게 된다. 불행하게도 지금까지 우리나라의 모습은 이와 닮은꼴 현상이 많이 보인다.

2017년도 세계경제포럼(WEF) 국가경쟁력 평가 결과, 우리나라 종합순위는 평가대상국 137개국 중 26위로 발표되었다(한국개발연구원, 2018). 거시경제, 인프라 등 경제 기초환경은 양호한 편이나 경제환율 등 세부 지표는 과거와 유사하게 여전히 낮은 편이다. 즉 한국은 평가대상국가 중 100위 안에 들어가는 지표가 하나도 없었다. 정책결정의 투명성 지표는 133위, 법체계의 효용성 지표는 113위, 시장지배력 정도는 120위 등으로 평가되었다. 그리고 2016년 3월에 유엔에서 발표한 보고서에 따르면 한국인의 행복도 지수는 조사 대상국가 157개국 중 58위였다. 그러나 같은 기간 우리나라 무역규모는 세계 10위권이고 국내총생산(GDP)도 세계 11위이다. 이는 현재 우리나라가 마치 모래 위에 성을 쌓고 있는 것처럼 무언가 불안정한 모습이다.

모든 국민생활의 기초가 되는 요소인 '국가 경쟁력 지표'는 세계에서 하위권이고 '국민의 행복지수'도 중간 이하인데, 무역규모나 GDP로 보면 선진국들과 어깨를 나란히 하고 있다. 누가 보아도 현재 우리나라의 모습은 기본을 지키지 못하고 있는 기형적인 모습이며 정상궤도에서 벗어나 목적지도 없이 그저 계속해서 달리고만 있는 열차와 같다.

마치 사상누각(沙上樓閣)처럼 기초가 부실하니 언제 무슨 일이 일어날지 모르는 불안한 자태이다. 각 개인도 기초체력이 부실하거나 기본적인 윤리의식이 부족하면 언젠가는 한계를 드러내고 문제를 발생시키고만다. 국가도 마찬가지로 기초체력이 될 각종 지표가 빨간불인데 경제지표만 월등히 앞서고 있다는 것은 전반적으로 사회시스템이 정상적으로 작동되고 있지 않다는 증거다.

2016년 말부터 한동안 우리나라는 현직 대통령 탄핵을 둘러싸고 성난 민심으로 인해 서울을 비롯 전국 곳곳에서 상당 수 국민들로 하여금 촛불을 들게 하였다. 그 촛불은 남녀노소 할 것 없이 잘못된 것을 바로 잡기 위한 여망으로 서울 한 도심인 광화문 광장을 가득 메웠다. 이유는 단 한 가지, 불행한 시국을 끝내고 새로운 돌파구를 찾고자 하는 온 국민의 여망이 있었기 때문이었다. 쉽게 끝날 것 같지 않았던 시기는 약 6개월만에 막을 내리고 빠른 시일 안에 질서를 지키며 평온한 시기를 되찾았다. 다행스럽게도 성난 민심은 제자리를 찾았으며 이제는 차분하게 아니 새로운 희망을 품고서 지켜보고 있다.

과연 무엇이 그토록 민심을 자극하고 온 나라를 뒤집어 놓았는가? 바로 기본을 망각한 일부 위정자들의 기만과 갈피를 못 잡은 리더의 잘못된 판단이었다. 국가적인 비극이었지만 참으로 다행스러운 점은 성숙된 국민들의 민주주의 열망이 가득했기에 전 세계가 지켜보는 가운데 너무나 질서 있게 정권이양을 완성시켰다는 점이다.

우리 국민은 저력이 있다. 과거 1980년도 민주주의 물결을 뜨겁던 달구었던 5·18 민주항쟁을 비롯하여 1987년 6·29 민주화 선언, 1997년 국가적 경제위기인 IMF 외환 위기까지도 슬기롭게 이겨낸 국민이다. 이러한 저력은 그동안 말할 수 없을 정도의 어마어마한 비용을 지불하고 얻어낸 민주주의에 대한 학습효과이다. 물론 국민 모두의 기본질서 의식이 있었기에 가능한 일이었음은 두말할 필요가 없겠다.

지금 우리에게 필요한 것은 '백투더 베이직(back to the basic)', 즉 기본에 충실해지는 것이다. 2016년 하반기에 '부정청탁 및 금품 등 수수의 금지에 관한 법(일명, 김영란법)'이 발효되었는데 그 법은 우리 사회의 기초체력을 다지기 위한 일련의 조치 중 하나이다. 일명 김영란법의 적용대상은 이른바 기득권층이라고 할 수 있는 공직자 등 약 400만 명이 해당된다고 한다.

오랫동안 잘못된 관행이나 문화가 사회적인 약속만으로 변화되기는 쉽지 않다. 그래서 강제로라도 우리의 체질을 바꾸고 잘못된 문화를 변화시켜보고자 하는 의도에서 만들어진 이 법 시행은 우리 사회에 많은 변화를 예고하고 있다. 어찌 보면 창피한 일이지만 식사비, 경조비, 선물비 등 접대 한도를 금액으로 명시한 구체적인 법이기 때문에 실효성이 매우 높을 것으로 여겨진다.

기본(basic)의 중요성을 모르는 사람은 없을 것이다. 그런데 우리는 살아가면서 그 기본을 망각하거나 때로는 무시하는 경향이 있다. 모든 공부에도 기초지식이 필요하고 각종 운동에도 기본동작이 중요하듯 기본을 지키지 않고 쌓은 실력은 어느 정도 이상으로는 올라갈 수 없기 마련이다. 대부분 경험했듯이 어느 분야에서든 그동안 쌓아놓은 실적이 흔들리거나, 그 실적이 일정 정도 이상으로 향상되지 않을 때는 반드시 기본을 점검해보아야 한다.

미국프로골프(PGA) 투어에서 활약하고 있는 최경주가 쓴 책 『코리안 탱크 최경주』에서 나온 구절을 하나 소개하고자 한다.

기본에 충실하라!
나는 늘 변화를 꾀하지만
기본을 잊지는 않는다. 마음이 위축되면

자세를 웅크리게 되고 반대로 해이해지면
자세가 벌어진다. 내 셋업 자세는 서 있는 듯
편안하게 보이지만 실은 매우 견고하다.
기본이 튼튼하면 움직임이 훨씬 자유로워진다.

기본(basic)은 도약의 디딤돌이며 어려움을 극복하는 처방전이 된다. 그래서 일을 하다가 어려움에 부딪혔을 때 기본으로 돌아가서 다시 시작한다면 위기를 극복할 수 있다. 어떤 일이든 기본이 되어 있고 기초 체력이 튼튼하다면 순간 흐트러지더라도 곧바로 일어날 수 있으며 더욱더 자신감이 붙기 마련이다.

골프선수 박인비나 야구선수 추신수 같은 세계 최고의 위치에 있는 유명한 스포츠 선수들도 매일 아침 기본동작을 수백 번 연습하는 것으로 일상을 시작한다고 한다. 필자 역시도 한 분야에서 오랜 기간 동안 직장생활을 하고 있지만 지금도 기본에 충실해지려고 무척 노력하고 있다. 기본예절부터 몸가짐, 마음가짐, 자기계발까지 매일매일 처음 시작하는 마음으로 나 셀프체크를 게을리 하지 않는다.

후배들이나 신입사원들에게 항상 하는 말이 있다. '초심을 잃지 마라', 곧 기본에 충실하라는 메시지를 계속 던지곤 한다. 직장생활을 처음 시작했을 때 가졌던 '초심'이 곧 직장인들의 기본자세이다. 그러나 아쉽게도 입사하고 몇 년이 지나면 직장인들 상당수는 흐트러진 자세를 보이곤 한다.

사업도 마찬가지이지만 다른 모든 일도 무언가를 시작할 당시 마음먹었던 '초심'이 기본자세인데 얼마가지 않아 그것을 망각하고 현실과 타협하면서 쉽고 편한 길을 찾는다. 그러다가 문제가 발생되고 나서야 기본자세의 중요성을 새삼 실감하고 원점으로 돌아가 또다시 기본자세를 익히게 되는 것이다.

나를 지키고, 가정을 지키고 나아가서는 나라를 지키는 일까지 가장 중심이 되고 기본이 되는 일이 바로 '마음 다스림'이다. 가장으로서 지켜야 될 선이 있고, 직장인이나 기업인이 지켜야 될 선이 있다. 그 선이라는 것은 본인 스스로가 너무나 잘 알고 있는 기초의식, 즉 기본자세가 될 것이다. 항상 기본으로 돌아가 생각해보고 반성하는 기회를 자주 갖기를 권한다.

20 _마음을 다스려 미덕을 갖춰라

행복한 사람은 미덕을 가진 사람이다. 미덕은 "신중·정의·선행을 실천할 때 가능하다."라고 애덤 스미스가 말했다. 애덤 스미스의 저술 『도덕감정론(The Theory of Moral Sentiments)』에서 그가 가장 중요하게 역설한 것은 '나를 일으켜 세우는 것'이다. 우리나라에서도 얼마 전에 『내안에서 나를 만드는 것들』이라는 제목으로 번역되어 소개되었다.

그 책에 소개된 행복에 관한 한 구절을 소개하고자 한다. "행복한 사람이 되려면 다른 사람들에게 사랑받고 사랑스러운 존재가 되어야 한다." 이는 곧 존경받고 존경받을 만한 사람이 되고, 칭찬받고 칭찬받을 만한 사람이 되는 것이다. 그러기 위해서 우선 가장 중요한 것이 '미덕'을 갖추는 것이라고 했다. 그가 말한 '미덕'이 있는 사람이란 신중(愼重), 정의(正義), 선행(善行)을 실천하는 사람을 가리킨다.

미덕의 사전적 의미는 '아름답고 갸륵한 덕행'이다. 그 책에서는 미덕을 갖추기 위한 행동으로 미덕의 '트라이앵글(triangle)'을 제시한다. 즉 나자신을 바로 세우고, 남을 이롭게 하고, 다른 사람을 선한 마음으로 대하라는 것이다.

먼저 신중(愼重)한 사람이란 비록 그의 재능이 늘 훌륭하지는 않을지라도 자신이 몸담고 있는 분야를 온전히 이해하기 위해서 언제나 진지하고 열심히 공부하는 자세로 생활하는 사람이다. 또한, 자신의 재주와 성공에 대해 늘 겸손하며, 항상 적게 말하고 많이 행동하는 사람이다. 신중한 사람의 대화는 간결하고 겸손하며 순수하고 담백하다.

교활하고 교묘한 계략으로 남을 속이려 하지 않으며, 건방진 태도로 상대를 대하지 않고 천박하고 경솔하게 자기주장만 내세우지 않는다. 또한 자신의 능력을 떠벌리지도 않는다. 결국 신중(愼重)이란 그 사람 자신을 통제하는 아름다운 행동이며, 개인의 품격을 높여주는 중요한 미덕이라고 했다.

다음으로 정의(正義)는 '공정한 관찰자'인 자기 내면의 목소리가 제대로 작동할 때 나타나는 미덕이다. 유대 현인 힐렐은 "내가 당하고 싶지 않은 일을 타인에게도 하지 마라."라고 했다. 살다보면 주체 못 할 욕망이 솟아오를 때도 있고, 평소 옳다고 생각하는 신념이 충돌할 때도 있다. 이때가 바로 '공정한 관찰자'로서 자신의 내면의 소리를 들을 때이다.

즉 "남의 빚은 반드시 갚아야 하며, 남의 물건을 훔치거나 탐내지 않아야 되며, 배우자를 배신하지 않아야 된다."는 등의 마음속 각자의 양심에 귀 기울여야 한다는 것이다. 결국, 정의(正義, justice)는 나 아닌 남을 대할 때 행하여야 하는 도덕적 감정이다.

한때 우리나라에서도 베스트셀러가 된 마이클 샌델 교수의 『정의란 무엇인가』라는 책이 많이 회자된 적이 있었다. 이 책에서는 구제금융, 모병제, 대리출산과 같은 현실 문제를 비롯해 사람마다 이해가 충돌하는 사회적 문제를 주제로 삼아 저자 자신만의 논리를 펼쳤다. 아울러 위대한 사상가들은 '정의'에 대해 어떻게 생각했는지에 대해서도 다양한 시각을 보여주기도 했다.

가령, 샌델 교수는 '벤담과 밀의 공리주의'는 다수에게 도움이 되는 결정을 지지하지만, 인간의 존엄성 문제에는 도덕적 한계를 지니고 있다고 말하면서 과연 무엇이 정의로운 행동인지를 결론 내리지 않은 채 그 판단은 독자들에게 맡긴다. 정의란 각자 마음속에 있는 도덕적 감정을 토대로 자신의 이익을 좇아 남을 해치지 않으며, 자기 자신보다는 남을 이롭게 하려는 이타적(利他的) 정신이다.

마지막으로 선행(善行)은 '감사하는 마음'으로 사람과 사물을 대하는 것이다. 석가의 중심사상인 '자리이타(自利利他)'의 마음이다. "남을 이롭게 하면 그 이로움이 결국 자기에게 돌아온다."는 사상이 선행의 기본가치가 된다.

금세기 가장 위대한 복음 전도자인 빌리 그레이엄이 말하기를 "신은 우리에게 두 손을 주었다. 하나는 받기 위함이며 다른 하나는 주기 위함이다."라고 하였다. 선행은 '나', '너'만이 아닌 '우리 모두'에게 행하여야 할 도덕 감정이며, 자기 스스로를 이끄는 셀프리더들의 기본 자질이다.

결국 미덕의 3요소인 신중, 정의, 선행은 개인의 행복만을 추구하는 것이 아니라 '만인의 행복'을 위한 기본 원리인 셈이다. 공리주의 철학자 벤담의 '최대 다수의 최대 행복(最大 多數의 最大 幸福, the greatest happiness of the greatest number)'은 미덕의 3요소가 제대로 작동되었을 때 실현되는 길이다. 곧 미덕을 실현하는 자는 행복할 수 있으며, 그 행복은 나만이 아닌 다른 사람들에게 퍼지고, 그것이 전체 인류에게 전해졌을 때 행복한 세상이 되는 것이다.

또한, 공자도 제자들에게 가르치기를, 남 앞에 서는 리더는 '미덕'을 지니고 자기 몸가짐을 바르게 하여 명령하지 않아도 스스로 따를 수 있도록 하는 것이 최고의 덕목이라고 하였다. 여기서 공자가 말한 '미덕'이란 다음 다섯 가지를 지키고 실천하면 이루어진다고 했다.

하나, 사람들에게 은혜를 베풀되 낭비함이 없어야 한다.

둘, 사람들에게 일을 시키면서 원망을 사는 일이 없어야 한다.

셋, 마땅히 목표 실현을 추구하되 개인적인 탐욕을 부려서는 안 된다.

넷, 어떤 상황에서도 태연함을 잃지 않되 교만하면 안 된다.

다섯, 위엄은 있되 사납지 않아야 한다.

'미덕'이란 동서양을 막론하고 신분이 어떠하든 삶의 중요한 덕목이라 할 수 있다. 사람들은 흔히 삶의 목적을 '행복' 추구에 두고 있다. 그러나 행복은 저절로 얻어지는 것이 아니라 '미덕'을 실천하는 자만이 진정한 행복을 누릴 수 있다. 남으로부터 귀감이 되고 행복한 삶을 누리고자 하는 사람이라면 먼저 '미덕'이 내 몸속에 깊숙이 스며들 수 있도록 '마음 다스림'을 끊임없이 행하여야 한다.

세상을 내 마음대로 움직일 수는 없다. 오직 내 마음을 다스리는 것이 최선이다. 여기서 필자의 '마음 다스림' 방법을 몇 가지를 소개하고자 한다.

하나, 고민스러울 때는 심각하게 고민하고, 울고 싶을 때는 크게 울어라.

둘, 앞으로 일어날 일에 대하여 너무 걱정하지 않으며 자신을 괴롭히지 마라.

셋, 과거의 상처들은 어떤 방법으로든 잊어버리고 생각하지 마라.

넷, 자신이 생각하는 것을 주장하고 펼치되, 상대에게 부드럽게 강조하는 법을 터득해라.

다섯, 마음에 와 닿는 느낌을 거부하지 말고 그대로 받아들여라.

여섯, 완벽하지 않아도 된다고 자신에게 말하며 지금까지도 충분히 잘해왔다고 다독여 주라.

일곱, 일에 몰입한 그 순간에는 어떠한 잡념도 없도록 주위 환경을 조성하라.

여덟, 감사할 줄 아는 마음이 얼마나 삶에 귀중한 것인지를 깨닫고 실천하라.

아홉, 자신만이 가지고 있는 개성과 능력을 존중하고 최대한 발휘하되, 남들과 절대로 비교하지 마라.

하나씩 찬찬히 들여다보라. 나는 이것을 매일 실천하고 있는데 결국 이 방법들은 모두 나 스스로를 어루만져주고 나 자신의 감정에 충실하고 몰입하기 위한 것이다. 우리 모두 각자는 너무나 소중하고 세상에 하나밖에 없는 유일한 존재다.

소중한 당신을 위해 얼마나 노력하고 있는가? 곰곰이 생각하는 시간을 가져보길 바란다. 내가 산다는 것이 무엇을 의미하는지! 진정 내 삶에 중요한 가치가 무엇인지! 아무리 강조해도 모자라는 자문(自問)이다. 미덕은 내 마음을 잘 다스리는 것부터 시작된다. 행복도 마찬가지이다.

21 _현재 습관을 소원과 일치시켜라

생각을 바꾼다는 것은 매우 중요한 일이지만 매우 어려운 일이기도 하다. 오늘 내가 어떤 생각을 품고 살아가느냐에 따라 나의 미래가 결정되기 때문이다. 생각을 조금만 바꾸어도 우리의 운명은 크게 달라질 수 있다.

"생각이 바뀌면 행동이 바뀌고, 행동이 바뀌면 습관이 바뀌고, 습관이 바뀌면 인격이 바뀌고, 인격이 바뀌면 운명이 바뀐다." 같은 일이라도 좋은 쪽으로 생각하면 행복과 희망의 선순환 구조가 이루어진다. 하지만 나쁜 쪽으로 생각하며 늘 부정적인 생각에 사로잡혀 있다면 인생은 결국 실패와 부정적인 삶이 되풀이될 수밖에 없다.

탈무드에 나온 이야기를 인용하자면 "마음에 따라 사람의 모든 생각과 행동은 좌우된다. 마음은 걷고, 보고, 굳고, 부드러워지고, 기뻐하고, 슬퍼하고, 화내고, 두려워하고, 거만해지고, 사랑하고, 미워하고, 부러워하고, 사색하고, 질투하고, 반성한다. 그러므로 세상에서 가장 강한 인간은 자기 마음을 통제할 수 있는 사람이다."

모든 세상사 희로애락(喜怒哀樂)이 마음먹기에 달린 것처럼 마음 다스림에 따라 행복과 불행은 더욱더 증폭되기도 하고, 행복과 불행이 서로 뒤바뀔 수 있다.

"어떤 자연현상이든 그것이 발생하게 된 데에는 반드시 원인이 있다." 는 인과법칙은 과학자들이 찾아낸 자연법칙 중 가장 위대한 법칙이다. 이 법칙은 자연현상뿐 아니라 인간의 삶에도 적용된다.

사람은 태어나서 유아기 때까지는 생각하고 행동하는 구조방식이 유사하게 형성된다고 한다. 그러나 자라면서 환경에 적응하기 위해 변화하는데, 어떤 사람은 자신의 삶에 만족하면서 행복하게 살아가고, 또 어떤 사람은 불만족에 쌓여 불행하게 살아간다.

무엇이 이처럼 커다란 변화의 결과를 가져오게 만든 요인일까? 원하는 것과 그것을 얻는 방법 사이에 존재하는 '인과법칙'을 제대로 터득하고 있느냐 그렇지 않느냐의 차이라고 생각한다.

결과를 바꾸고 싶다면 반드시 원인행위에 변화가 있어야 한다. 그러나 지금까지의 삶이 자신의 기대와는 정반대로 전개되고 있다고 해서 항상 180도의 전환이 필요한 것은 아니다. 오히려 1도의 관점 전환과 1퍼센트의 행동 변화만으로도 삶을 바꿀 수 있다. 운전이나 사격을 할 때 각도가 1도만 흐트러져도 목표지점이 완전히 달라진다는 사실을 잘 이해하리라 본다.

사소한 일들도 부정적인 관점으로 접근하면 될 일도 안 될 수 있다. 반대로 작은 일들도 긍정적인 방향으로 지속하면 위대한 성취로 이어질 수 있다. 1퍼센트의 미세한 차이가 180도 다른 결과를 가져올 수 있다는 사실을 받아들인다면 조만간 당신의 삶은 완전히 다른 방향으로 전개될 수 있다.

내 자신의 생각과 행동에 무언가 이상 신호가 느껴질 때는 항상 그 문제가 무엇인지에 대해 집중해서 원인을 우선 파악해야 한다. 모든 문제에는 반드시 원인이 있기 마련이다. 문제를 파악할 때는 문제의 근원을 가급적 내부에서 찾아야 한다. 문제의 근원을 확인하였다면 그 원인에 따라 지금까지와는 다르게 생각하고 다른 방식으로 행동해야 한다.

지금까지와 다르게 살기를 원하는가? 그렇다면 우선 진정 원하는 게 무엇인지를 찾아야 한다. 그동안 자신이 선택한 행동이 원하는 것을 얻게 해주었는지 확인해야 한다. 그리고 자신의 소망과는 거리가 먼 선택을 해왔다면 더 나은 선택이 무엇인지를 찾아야 한다. 또한, 전보다 효율적인 방법을 찾았다면 지금 그리고 그 자리에서 당장 실천에 옮겨야 한다.

자신의 일상의 모습이 바로 자신의 참모습이며 각자의 습관의 총합이다. 달리 말하면 매일 우리가 행동하는 모든 습관이 우리의 일상을 결정한다. 우리가 매일 반복하는 선택들을 신중하게 생각하고 내린 결정의 결과물로 여기겠지만, 실제로는 그렇지 않다. 우리 삶이 일정한 형태를 띠는 한 우리 삶은 반복되는 습관일 뿐이다. 습관은 반복적이고 무의식적인 행동 패턴이다. 그것은 지속적인 반복을 통해 획득된다.

일상적인 행동의 99퍼센트는 습관을 바탕으로 한다. 습관이란 어떤 시점에서는 의식적으로 결정하지만, 얼마 후에는 생각조차 하지 않으면서도 거의 매일 반복하게 되는 행동패턴이다. 즉 습관은 우리 뇌가 기계적으로 따르는 공식이다.

러시아의 교육자 우신스키는 "좋은 습관은 사람의 사고방식에 존재하는 도덕적인 자본이다. 이 자본은 계속 늘어나게 되며, 사람들은 일생을 살아가면서 그 이자를 얻는다. 반대로 나쁜 습관은 도덕적으로 갚지 못한 빚이다. 이 빚은 계속 이자가 붙어 사람을 괴롭힌다. 나쁜 습관은 사람의 노력을 물거품으로 만들기도 하고, 심하면 한 사람을 도덕적으로 파산시키기도 한다."라고 말했다.

변화, 그 모든 시작은 습관이다. 우리가 매일 행동하는 것의 99퍼센트가 습관이라면 우리 삶을 효과적으로 변화시키는 유일한 방법은 나쁜 습관을 좋은 습관으로 바꾸는 길밖에 없다. 우리는 습관을 선택할 수 있으며 목적의식을 갖고 우리의 일상을 만들 수 있다. 선택의 결과는 엄청나다.

의식은 무의식을 훈련시킬 수 있는 능력을 갖고 있다. 그러므로 무의식적으로 나쁜 일상이 더 많이 형성되도록 내버려두지 말고 의식적으로 새롭고 좋은 일상을 만들겠다는 결심을 해야 한다. 이것이 바로 목적의식을 갖고 살아가는 삶의 핵심이자, 셀프리더들이 가져야 할 사고의 기본 철학이다. 당신과 갭이 있다고 생각하면 지금부터라도 당신의 습관을 통제해야 한다.

성공한 사람들의 내면을 보면 그들의 일상은 좋은 습관으로 꾸며진 것을 알 수 있다. 운명은 타고난 것이라지만 그 타고난 운명을 가꾸고 빛내는 것은 바로 우리 자신이다. 사고가 습관을 만들고, 습관이 운명을 만들기 때문이다. 결국 내 자신이 생각한 대로 나의 운명은 따라가게 되어 있다. 그 과정을 연결하고 있는 것이 습관이다.

습관의 1퍼센트 차이는 훗날 당신의 운명을 99퍼센트 바꿀 것이다. 우리가 해야 할 일은 현재의 습관과 원하는 인생 목표의 간격을 수시로 점검해보는 '삶의 얼라인먼트(alignment)'이다.

22 _사랑의 힘으로 자존감을 높여라

자존감은 자기의 품위를 스스로 지키려는 감정을 말한다. 영어로 말하자면 'dignity' 또는 'self-regard'가 된다. 자기 스스로의 위엄을 지키고 자기 스스로를 존중한다는 의미이다. 사실 자존감이란 용어는 자아존중감(自我尊重感, self-esteem)에서 비롯되었다. 사전적 의미로 자아존중감이란 자신은 사랑받을 만한 가치가 있는 소중한 존재이고 어떤 성과를 이루어낼 만한 유능한 사람이라고 믿는 마음이다.

자존감과 자신감은 언뜻 유사하게 쓰이는 것처럼 생각되나 엄연히 다른 의미이다. 자신감은 '무언가를 할 수 있는 용기'라면, 자존감은 '내가 무엇을 좋아하는지 내가 무엇을 원하는지를 알고, 있는 그대로의 자신을 받아들이고 존중하는 마음'이다. 그래서 자존감은 그 자체만으로 힘을 가지게 되는 것이다. 자신에 대한 확고한 사랑과 믿음에 바탕을 두는 감정이기에 일의 성패에 따라 급격히 변하지 않고 결과를 담담하게 받아들이는 힘을 발휘할 수 있다.

자기의 삶을 주도적으로 이끄는 '셀프리더'들에게 나타나는 가장 큰 특징이 자존감이 높다는 것이다. 어쩌면 자존감을 향상시키는 방법이 셀프리더십을 향상시키는 요소들과 일맥상통하기 때문일지도 모른다.

자존감이 충만하지 않은 사람은 셀프리더가 되기 위한 필요조건이 미흡한 사람이다. 조건을 충족시키기 위해서는 부단한 자기강화 훈련과 마음공부가 필요하다.

셀프리더라고 한다면 본인 스스로가 극기를 행하여 수신제가(修身齊家)하고, 자신 스스로를 인정하여 자기를 존중하고 사랑할 수 있는 사람이어야 한다. 그러한 마음을 가지고 자신 스스로를 이끄는 자가 셀프리더이며 본인은 물론 남으로부터 진정으로 인정받을 수 있는 인품을 갖게된다. 즉 자존감을 향상시키는 일은 곧 셀프리더가 되기 위한 길이기도 하다. 자존감의 반대말은 열등감이 된다. 아무리 자존감이 강한 셀프리더일지라도 순간 방심하면 항상 다가오는 것이 열등감이다.

21세기에 들어 IT 기술이 크게 발전함에 따라 우리 사회도 급격하게 변하고 있다. 이러한 변화에 적응하지 못해 경쟁에서 밀려나 소외받는 사람들이 늘고 있다. 날이 갈수록 사회문제로 부각되고 있는 집단 따돌림 일명 '왕따' 현상은 날이 갈수록 더해지고 있다.

중요한 점은 스스로 자신의 존재가치를 유지할 수 있는 자신만의 노하우를 간직해야 한다. 이를 위해서 열등감은 낮추고 자존감을 향상시킬 수 있는 '생활의 지혜 4가지'를 소개하고자 한다. 현재를 살아가는 사람이라면 누구든 항상 간직해야 할 마인드 컨트롤의 지침이 될 만하니 꼭 마음속에 담아두었으면 한다.

하나, 순수하게 타인의 평가를 받아들인다. "사람은 신이 아니므로 전지전능하지도 않을뿐더러 전혀 완벽하지도 않다."는 사실을 받아들여야 한다. 따라서 자신의 가치를 증명하기 위해 굳이 완벽할 필요는 없다.

자신의 재능과 능력으로 최선을 다해 열심히 노력한 결과를 보여줄 뿐 그 이상의 것을 기대할 필요 없다. 자신을 속이지 않고 있는 그대로, 자신의 약점까지도 솔직하게 인정하며, 이성적인 태도와 긍정적인 마음으로 현실에 당당하게 맞서야 한다.

둘, 자신의 강점에 집중한다. 누구에게나 강점과 약점이 있다. 흔히들 자신의 강점은 아무것도 아니라는 식으로 스스로를 무시하는 경우가 많다. 그것은 나에게 떨어진 보물을 그냥 발로 차버리는 격이다.

일반적으로 사람들은 자신의 장점을 찾아내려고 노력하기보다는 자신의 약점만을 부각하고 곱씹으며 깊이 파고든다. 그것은 나 자신은 물론 주변 사람들에게도 전혀 도움이 되지 않고 그저 자신을 파괴하는 병적 현상이다.

이제부터 자신의 단점보다는 강점에 집중해야 한다. 본인의 강점에 무게 중심을 두게 되면 자존감이 강화되며, 그것이 계기가 되어 또 다른 강점을 만들어 내는 선순환 구조가 형성된다.

셋, 자존감을 높인다. 열등의식은 자신감이 부족해서 나타난 현상이다. 자신에 대한 믿음을 높여 나가면 열등의식은 바로 자존감으로 바뀌어 간다. 조그만 일이라도 스스로 계획해서 완성해보자. 그러한 일이 반복되면 나약한 마음이 파고들 자리가 없어지고 무언가에 흥미를 갖게 된다. 흥미를 갖고 즐기기 시작하면 어떠한 일이든 잘할 수 있다.

그리고 장·단기 목표를 세우되 조금 더 큰 목표를 설정하여 서두르지 말고 차근차근 실천해보자. 그러한 과정이 충실한 삶으로 연결되어 지면 소외감이나 열등감이 내 마음속으로 들어올 여지가 없게 된다.

넷, 전문가의 조언을 듣고 도움을 받는다. 처음에는 열등감으로 시작되지만 그런 감정이 깊어지면 자기비하가 되고 또 심해지면 자기혐오의 감정이 쌓이게 된다. 그러고 나면 정신적인 갈등을 겪게 되어 우울증으로 이어질 수 있다. 이러한 감정이 심해졌다고 판단되면 스스로 해결하기보다는 전문가의 도움을 적극적으로 구해야 한다. 그렇게 해서 문제의 근원인 열등감의 원인을 찾아 해결하는 방안을 적극 모색해보면 답을 구할 수 있다.

자존감은 현대를 사는 우리들에게는 자신을 지킬 수 있는 필수 무기다. 남들은 결코 나를 세워주지 않는다. 오직 나 자신만이 나를 세울 수 있다. 육체가 건강해지기 위해서는 신체근육이 필요하듯 정신건강에도 마음근육이 필요하다. 그러려면 우선 자신을 있는 그대로 인정할 줄 알아야 하며, 남이 나를 사랑한다고 말해주기 전에 나 자신부터 무조건적으로 날 사랑해줘야 한다.

또한 모든 상황을 긍정적으로 변환시키는 마음자세로, 부정적인 생각이 들 때는 스스로 '멈춰!'라는 신호를 보내야 한다. 그리고 본인 스스로에게 칭찬을 자주하며, 작은 성공의 경험을 선물할 수 있도록 조그만 일이라도 행동으로 실천해야 한다. 이 모든 것이 바로 '마음근육'을 높일 수 있는 훈련방법이 되겠다.

때때로 플라세보 효과처럼 자기체면을 걸어 '나는 할 수 있어', '나는 훌륭해', '지금까지도 잘 견디어 왔어', '조금만 더 힘을 내자' 등 수시로 정신적 무장을 해가면서 자신을 이끌 수 있는 동력을 스스로 만들어 가야 한다. 그것이 바로 셀프리더들의 에너지원이 되는 셀프파워이다. 당신도 마음만 먹으면 충분히 이끌어 낼 수 있다. 셀프파워는 이미 당신 마음속에 들어있기 때문이다. 단지 가슴속에 담아둔 셀프파워를 밖으로 끄집어내는 작업만이 남아있을 뿐이다.

23 _삶을 리모델링해서 청춘의 열정을 느껴라

현대그룹 창업주 고(故) 정주영 회장의 회고록에 "돌이켜보면 내 인생은 장애물 뛰어넘기 경주와 같았다. 그런데 그 장애물 중에서 가장 어려운 것은 바로 나 자신이었다."라고 쓰여 있다.

성공하지 못했다고 말하는 사람들의 대부분은 그 원인을 남의 탓 또는 환경 탓으로 돌리곤 한다. 습관적으로 남의 탓을 하는 사람들은 결코 변화하지 못한다. 변화해야 할 대상은 남이나 환경이 아니라 바로 나 자신이라는 점을 분명히 해야 한다.

우리는 우리가 할 수 있다고 생각하는 것만 할 수 있다. 우리가 될 수 있다고 생각하는 것만 될 수 있다. 우리가 가질 수 있다고 생각하는 것만 가질 수 있다. 무엇을 하거나 무엇이 되거나 무엇을 갖는 것은 모두 우리의 생각과 의지에 달려 있다.

세월이 흐를수록 의지나 자신감이 떨어지는 것은 아주 보편적이고 자연적인 현상이다. 봄이 오면 새싹이 자라나고 잎이 무성해지고 날이 갈수록 녹음이 짙어지지만 가을이 되면 그 푸르던 잎은 하나 둘 낙엽으로 떨어지게 된다. 인간의 삶도 마찬가지이다.

삼라만상(森羅萬象)이 변하는 것이 자연의 이치이지만 그때그때마다 아름다움을 지니고 있다. 봄은 봄대로, 가을은 가을대로의 멋스러움을 풍기듯, 사람도 나이가 들어가면서 원숙함과 여유로움으로 윤택한 삶을 꾸미며 멋스러움을 연출할 줄 알아야 한다. 자연현상이든 인간의 삶이든 변하는 것은 끝이 아니라 시작을 의미한다.

당신은 인생의 전환점을 어느 시점으로 보고 있는가? 살면서 커다란 시련을 맛본 사람은 그 시점을 전환점으로 여길 것이고, 어떠한 기회로 깊은 영감을 받은 사람은 그때를 인생의 전환점으로 여길 것이다. 하지만 일반적으로는 나이가 그 전환점이 된다.

인생을 100세 시대로 보면 보통 40대 후반에서 50대 초반쯤이 그런 시기가 된다. 과거에는 50대에 이르면 직장에서 은퇴를 하거나 서서히 활동의 폭을 줄이는 시기이다. 그러나 지금은 어떠한가? 앞서 말한 과거의 일반적인 상식에 동의할 수 있겠는가? 누구도 쉽게 동의할 수 없으리라 짐작된다.

우선 삶의 형태가 급격하게 변화하였고, 과학기술의 발달로 인간의 기대수명이 점점 늘어 머지않아 100세 시대를 훨씬 넘어설 것으로 전망되기 때문이다. 은퇴시기를 맞이한 요즘의 50~60대의 사람들을 보면 그들이 과거처럼 조용히 노후를 준비하며 삶의 현장에서 벗어나야 할 사람들로 보이는가? 전혀 그렇지 않다.

그렇다면 인생의 전환점을 맞이한 세대들은 무엇을 준비해야 하나? 그 답은 바로 '삶의 리모델링'이다. 아파트도 20년이 넘으면 리모델링을 한다. 기본 골격만 유지하고 요즘 주택의 최신 트렌드에 맞추어 전체를 새롭게 단장하듯이 인간도 생애주기(life-cycle) 차원에서 나이 50대 전후쯤해서 반드시 리모델링이 필요하다.

인간의 리모델링은 무엇을 의미하는가? 건강관리, 자기계발, 생활방식 변경 등 지금까지의 삶의 패턴에서 벗어나 다른 방식으로 전환해보는 것이다. 단, 성장을 전제로 하는 변화이다.

필자의 경우, 삶의 리모델링이 필요하다고 절실하게 느꼈던 시기가 오십을 넘어서부터였다. 고심 끝에 내린 결정이 앞서 말한바 있지만 '박사학위' 도전이었다. 당시 가족은 물론 주변 사람들도 나의 결정에 호의적이지 않았다. 아니 모두가 의아하게 생각했다. 현재 직장을 다니고 있으며 얼마되지 않아 정년을 바라보는 사람이 무슨 욕심으로 새로운 도전를 하는가 하는 의아심을 가질 수 있다.

그럼에도 불구하고 나는 어렵게 가족의 동의를 받아 새로운 세계에 발을 내디뎠다. 그리고 정확하게 4년 만에 목표했던 경영학박사학위를 받게 되었다. 직장생활을 병행해야 했기에 순간순간 매우 어렵고 고달픈 과정이었지만 매일매일 마음속에서는 희망이 넘쳤다. 새로운 지식을 배우고 변화하는 트렌드에 맞추어 간다는 것이 너무나 즐거웠다. 그리고 하루하루 성장해간다는 의식이 나의 정신을 맑게 하였다.

만만치 않은 학비가 어깨를 짓누르기도 하였지만 그로 인한 즐거움과 희망이 더욱 컸기에 큰 문제가 되지는 않았다. 그 기회로 새로운 용기를 얻었고 희망을 갖게 된 것이다.

또 다른 새로운 삶을 개척해보겠다는 희망으로 왠지 나의 미래가 두렵지 않았다. 할 일이 생겼기 때문이다. 그중에서 첫 번째 작업이 바로 지금하고 있는 책 쓰기이다. 너무나 재미있고 신나는 일이다. 나의 생각을 글로써 한없이 자유롭게 표현할 수 있고 마음껏 나 자신을 꺼내 보일 수 있는 장이 펼쳐지기 때문이다.

몇 년 후 직장생활을 마감하게 되면 1인 기업으로 개인연구소를 열 생각이다. 그때까지 배운 지식과 삶에서 터득한 경험을 바탕으로 후학 양성을 위해 봉사자의 길을 걸을 생각이다. 그리고 틈틈이 글을 써서 나의 지식과 경험을 여러 사람들과 공유하고 내가 필요한 자리에서 카운슬링을 해주면서 인생 2막을 의미있게 보내고자 한다. 현실은 부족한 것이 태반(太半)이지만 마음만은 그 누구 못지않게 부자다. 생각만 해도 가슴이 벅차오른다.

평소 좋아하고 자주 읊조리는 사무엘 울만의 '청춘'이란 시의 일부를 소개한다.

청춘이란 인생의 어느 기간을 말하는 것이 아니라 마음의 상태를 말한다.

그것은 장밋빛 뺨, 앵두 같은 입술, 하늘거리는 자태가 아니라

강인한 의지, 풍부한 상상력, 불타는 열정을 말한다.

청춘이란 인생의 깊은 샘물에서 오는 신선한 정신,

유약함을 물리치는 용기, 안이함을 뿌리치는 모험심을 의미한다.

때로는 이십의 청년보다 육십이 된 사람에게 청춘이 있다.

나이를 먹는다고 우리가 늙는 것은 아니다.

이상을 잃어버릴 때 비로소 늙는 것이다.

국어사전에서 '청춘'을 검색해보니 "새싹이 파랗게 돋아나는 봄철이라는 뜻으로 십대 후반에서 이십 대에 걸치는 인생의 젊은 나이 또는 그

런 시절을 이르는 말"이라고 되어 있다. 하지만 청춘이 결코 젊은이들만의 전유물은 아니다. 풍부한 상상력, 불타는 열정, 안일함을 뿌리칠 수 있는 용기와 모험심을 갖고 있는 자는 나이와 상관없이 청춘인 것이다.

그래서 나는 영원한 청춘을 느끼고 싶고 마음속으로 간직하고 싶어 늦은 나이에도 도전을 멈추지 않고 있다. 새로운 길을 나설 수 있었던 용기 있는 도전과 험난할지라도 멈추지 않는 추진력을 발휘했기에 지금 나는 희망을 노래하고 있다. 나는 어느 곳에서나 누구에게나 이 말을 하는 것을 주저하지 않는다. "지금 당장 시작하라"고 그리고 "그것을 할 시간이 따로 정해져 있지 않다"고 말이다.

당신도 절대 늦지 않았다. 늦었다고 하는 것은 단지 당신의 핑계일 뿐이다. 생각하는 것만으로는 그 어떤 것도 이룰 수 없다. 생각해서 옳다고 판단되면 행동으로 실천하라. 보람을 찾고 희망을 노래하는 것은 행동으로 실천한 자만이 가질 수 있는 특권이다.

24 _당신만의 퍼스널 브랜드를 론칭하라

21세기를 살아가는 현대인들에게는 '퍼스널 브랜드 파워'가 무엇보다 중요한 키워드가 되었다. 어느 회사의 무슨 직책 혹은 어느 사업체 대표라는 명칭이 중요한 요소가 아니다. 어떠한 분야의 '전문가' 혹은 공인 자격을 갖춘 어느 분야의 '권위자'와 같은 요소가 모여 만들어지는 각자의 역량 특성인 '퍼스널 브랜드'가 더욱 값지게 평가된다. 여기서 말하는 역량은 '화이트칼라'든 '블루칼라'든 전혀 상관없이 자기 분야의 노하우와 스킬을 갖고 있는가를 가르킨다.

미래학자 제롬 글렌이 쓴 『유엔미래보고서 2050』을 보면 현재 직업이나 기업은 얼마 가지 않아 차츰 사라질 것이라고 분석하고 있다. 그것도 우리가 생각한 것보다도 더욱 빠르게 진행된다고 전망했다. 인공지능(AI) 시대는 이미 우리 앞에 다가왔고 그 인공지능 시대는 '무어의 법칙'에 따라 인간이 가늠할 수 없을 정도로 빠르게 진보해 나갈 것이라는 전망이다. 얼마 전 인공지능(AI) '알파고'가 한국의 바둑 9단 이세돌과 중국의 바둑 9단 커제를 차례로 꺾어 바둑세계를 평정하였다. 2018년 보도기사를 보면 이제는 알파고는 의료분야에 집중하고 있다. 특히 암진단에 대한 기술은 상당히 진척되어 상용화 될 일이 얼마 남지 않는 것 같다.

그 책을 보면 마냥 미래 이야기만도 아니고 단순히 예상해보는 소설 속의 이야기만도 아니다. 그동안 생각하지 못한 기술들이 상용화되고 있으며 상상하기 어려운 기술들이 현재 연구되고 있음을 여실히 알 수 있기 때문이다. 우리에게 다가올 미래는 우리의 선택을 기다리지 않는다.

인공지능, 사물인터넷, 정보산업, 디바이스, 빅데이터의 융합은 이미 자동생성의 원리에 의해 진행되고 있는 것이다. 석기시대가 돌이 없어서 끝났던 것이 아닌 것처럼 향후 우리에게 닥칠 IT 융합기술 트렌드 변화는 지금과는 전혀 다른 세계가 펼쳐지리라 생각된다.

인간의 평균수명 100세 시대를 뛰어넘어 2050년이면 평균수명 130세를 바라볼 것이라는 전망도 있다. 특히, 미래기술 중에서 인간의 수명을 더 늘릴 수 있는 생명공학 분야의 진보가 더욱 촉진되고 있기 때문에 인간수명을 예상해보는 것 자체가 무의미할 수 있다.

그럼 무엇이 절대불변이 될 것이며, 무엇을 믿을 수 있겠는가? 그에 대한 해답은 바로 '당신 자신'으로 결론지을 수밖에 없다. 오직 자신만이 모든 변화를 견디어 내야 하고 감당해야 할 의무이자 필연이 되고 있다. 그래서 '퍼스널 브랜드 파워'가 중요하며, 이것이 미래를 준비하는 유일한 대안인 셈이다. 당신이 한 분야의 전문가가 되려면 당신은 반드시 그 분야의 '브랜드 포지셔닝'을 형성해야 한다. 그러기 위해서 '퍼스널 브랜딩' 향상전략이 구체성이 있어야 한다.

『아프니까 청춘이다』를 쓴 김난도 교수나 남녀노소를 막론하고 국내 최고 강사의 위치에 오른 김미경 원장, 김창옥 교수는 국내 강연시장에서 독보적인 존재이다. 그들은 '퍼스널 브랜드 파워'가 워낙 강하기에 그들 자신의 미래를 선점하고 있다고 봐도 괜찮다. 물론 그들도 현재의 위치를 꾸준히 유지하기 위해서는 몇 배의 노력이 필요하리라 본다.

그러나 그들은 그 분야에서 포지셔닝이 확실하게 구축되어 있기 때문에 본인들의 가치 평가를 스스로가 할 수 있다. 상품도 마찬가지이다. 그 분야에서 가장 큰 마켓 파워를 가진 상품이 그 제품의 상품 표준화를 이끌게 되는 것과 같다.

미국의 경제 전문지 포브스에 따르면, 우리들에게 다가올 미래시대는 개인 브랜드가 상품 브랜드처럼 개별가치로 평가받는 '퍼스널 브랜드'의 시대가 될 것이라고 한다. 어떤 일이든 본인만이 가지고 있는 독창성은 곧 개인의 경쟁력이자 이 시대에 자신의 존재 위치를 확실하게 지켜주는 요소가 된다.

그럼 개인 브랜드 가치를 높이는 전략은 무엇이 있을까? 이와 관련하여 많은 연구논문들의 공통점을 뽑아 내어 보면 일반적으로 3단계 전략으로 구분해 볼 수 있다. 우선 자신의 내면의 자산을 찾아내는 '퍼스널 브랜드 콘셉트 설정 단계'이고, 다음은 자신만의 강점을 찾아내어 전문분야를 설정하는 '퍼스널 브랜드 이미지 구축 단계'이다. 마지막으로는 자신만의 브랜드를 알리고 홍보하는 '퍼스널 브랜드 프로모션' 추진 단계이다.

이제는 기업도 핵심이슈가 단연 '브랜드'이다. 어떤 상품을 만들어 내는 국가나 기업은 몰라도 상품의 브랜드만 들어도 알 수 있는 것들이 많다. 예를 들어 패션업계의 '지방시(Givenchy)' 혹은 액세서리로 세계적인 브랜드를 자랑하는 'CK(Calvin Klein)' 또는 스포츠 및 활동적인 라이프 스타일을 위한 고성능 안전 장비 및 액세서리로 잘 알려진 '지로' 등이 대표적인 예시가 되겠다. 물론 스마트폰의 대표 브랜드인 '갤럭시' 또는 '아이폰'의 경우도 마찬가지다.

브랜드 전략은 더 이상 기업이나 제품에만 국한되지 않는다. 가수 싸이는 퍼스널 브랜드 이미지를 잘 구축한 아주 좋은 사례다. 싸이는 '강남스타일'을 외치며 우스꽝스러운 말 춤으로 전 세계인들이 관심을 폭발적으로 받으며 한 때 빌보드 차트 2위에 올랐다. 당시 뮤직비디오 유튜브 조회수가 31억이 될 정도의 상상하기 어려운 일이 현실이 되었다. 싸이는 독특하고 차별화된 퍼스널 브랜드로 그의 이미지를 확실하게 구축한 것이다. 세계인들에게는 그가 어느 나라 사람인지는 중요치 않았다.

패리스 힐튼은 힐튼가의 상속녀라는 타이틀로 패션, 섹시 등의 아이콘으로서 이미지를 어필해 비즈니스에 성공했다. 물론 그녀는 부정적 이미지로 많은 이들의 심기를 불편하게 만들기도 하였지만 나름대로 차별화된 전략에 성공했다고도 볼 수 있다. 스티브 잡스, 브리트니 스피어스, 마이클 잭슨, 마사 스튜어트, 잭 월치, 호날두 등 자신만의 차별화된 가치를 창출해 낸 이들 모두는 확실하게 퍼스널 브랜드를 구축한 사람들이다.

'퍼스널 브랜딩'은 직업적으로 성공의 지름길이자 모든 사람들로부터 자신을 차별화할 수 있는 유일한 수단이다. 급속하게 변화되는 사회에서 낙오되지 않고 신속하게 대응할 수 있는, 차별화된 '퍼스널 브랜드'는 곧 당신의 가치를 나타낸다.

'퍼스널 브랜드'는 특별한 이미지만이 아닌 당신의 지식과 경험을 토대로 당신의 능력, 기술 가치와 열정 등을 분석하여 당신만이 특화할 수 있는 것을 찾아서 '나만의 상품'을 만드는 것이다.

이제 당신도 당신만의 '퍼스널 브랜딩'을 위한 체계적인 전략을 수립할 때이다. 지금까지 쌓아온 지식과 경험, 노하우를 면밀하게 분석하여 내가 가장 잘 할 수 있고 좋아할 수 있는 블루오션을 개척해보기 바란다.

분야가 어느 정도 설정되면 관련분야의 현상을 정확하게 파악하여 깊이 있게 접근해보고 끊임없이 연구하고 배우는 자세를 취해야 한다. 그리고 나서 '퍼스널 브랜드'를 널리 알릴 수 있는 방법을 다각도로 시도해 자신만의 고유 영역을 만들어 보는 것이 중요하다. 그것이 퍼스널 브랜드 전략으로 가장 중요한 '퍼스널 브랜드 커리어 관리'이다.

다가오는 미래세계가 얼마만큼 변화된 사회가 될지는 아무도 모른다. 미래를 예측할 수는 있지만 그것을 믿고 따르기에는 불확실한 변수들이 너무 많다. 미지의 세계를 예측하고 분석하기에는 인간의 지식 영역으로는 한계가 있다.

불확실한 미래에서 믿을 수 있는 유일한 보호수단은 오로지 자신의 지식, 경험, 이성, 감성, 특성을 조합하여 당신만의 '퍼스널 브랜딩'을 개척하는 길뿐이다.

생각만으로 당신의 특성을 추려내는 것은 불가능하다. 당신이 가진 장점들을 꺼내놓고 조합해보라. 분명 남들이 흉내 낼 수 없는 당신만의 고유 영역을 찾아낼 수 있을 것이다. 그렇게 만들어진 특성을 갈고 닦아 형체를 만들다 보면 당신만의 '퍼스널 브랜딩'이 서서히 보이게 된다. 당장 시작해보라!

PART 04

셀프리딩 3단계 :
나에게 엄격하기

25 _비교대상을 어제의 자신으로 삼아라

우리는 너나 할 것 없이 항상 남들과 비교하면서 살고 있다. 『왜 나는 계속 남과 비교하는 걸까』의 저자인 폴 호크는 남과 비교함으로써 열등감, 자기비하, 낮은 자존감이 생겨난다고 강조한다. 이는 어느 한 사람의 문제만은 아니다. 경쟁적인 사회시스템의 문제이다. 현재의 사회시스템은 생각의 틀이 고정되어 있으면 좀처럼 벗어날 수 없는 구조이다.

남들과의 비교는 대체적으로 공평하지 않은 결과를 초래한다. 비교한다는 것은 자연스럽게 남들의 장점과 나의 단점을 대비해서 자신을 평가하기 때문이다. 이 세상에 똑같은 지문을 가지고 있는 사람이 없는 것처럼 각자 지니고 있는 재능과 특성도 각기 다르다.

"모든 국민은 인간으로서의 존엄과 가치를 가지며 행복을 추구할 권리가 있다."라고 헌법 제10조에 나와 있다. 그 어느 누구도 타인의 행복을 해치는 행위는 할 수 없으며, 개인으로서 자신의 행복을 추구할 권리가 기본법으로 보장되어 있다.

그러나 본질적으로 행복은 자신의 욕구가 어느 정도 충족되었을 때 나타난다. 현대인들은 여러 형태의 사회적 관계 속에서 활동하고 있기에 욕구충족의 기준이 타인이 될 수밖에 없다. 하지만 애당초 타인과 비교를 통해서 자신의 욕구를 충족하기는 어렵다. 과연 욕구를 충족하는 데 만족의 끝이 있을까? 이전에 본인이 세워놓은 기준을 달성하고 나면 곧바로 그보다 한 단계 높은 기준이 다시 생기기 마련이다.

필자도 평생 남들과 비교하면서 때로는 비교되면서 살아왔다. 학창시절 내내 성적으로 등수를 매기는 구조에서부터 직장생활 내내 자의든 타의든 비교된 인생을 살아왔다. 때로는 승진을 위해 경쟁자보다 뛰어나야 한다는 생각에 끊임없이 비교하고 견제하기도 했고, 때로는 인센티브를 조금이라도 더 받기 위해 다른 팀 혹은 다른 동료들보다 업무성과를 더 내기 위해 고군분투해 왔다.

그래서 목표했던 것을 이루기도 했고 때로는 목표했던 것에 한없이 미치지 못해 좌절하기도 했다. 목표에 도달했을 때는 성취감으로 행복했고, 그렇지 못한 경우는 낙담으로 한없는 실망감에 젖었다.

인생사새옹지마(人生事塞翁之馬)라고 했다. "인간 세상에서 일어나는 모든 일이 새옹지마 같으니 눈앞에 벌어지는 결과만을 가지고 너무 연연해하지 마라."라는 뜻이다. 세상을 살다 보면 우리들 눈앞에 닥치는 일들이 어디 한두 가지인가? 하루에도 수많은 일들이 일어난다. 물론 각자의 인생에서 절대적인 일도 있을 것이고 그렇지 않은 일도 있다.

어떠한 일이든 이성을 지닌 사람이라면 자기 앞에 펼쳐진 일들을 최선의 노력과 방법을 통해 이루거나 해결하려고 한다. 그러한 과정에서 남들과의 비교는 자신에게 행복과 불행을 낳게 하며, 때로는 그곳에서 벗어나고 싶은 강한 충동을 느끼게 한다.

사회생활을 어느 정도 해본 사람이라면 알 것이다. 남들과의 비교를 통해 행복해지기는 여간 쉽지 않다는 것을!! 경쟁사회에 노출되어 살아야 할 사람들에게 남들과 비교하지 말라는 조언도 어찌 보면 무책임한 것 같다. 그래서 절대적으로 비교를 인정하지 않거나 하지 말라는 뜻은 아니다.

단, 삶의 최대 가치인 행복이 비교를 통해 얻어지는 것이라면, 남과 자신을 비교하기보다는 자신과의 비교를 통해 만족을 얻고 기쁨을 누리며 행복을 맛보라고 말하고 싶다. 즉 남들과의 비교는 결국 파괴적인 것에 불과하나, 자신과의 비교는 생산적인 결과를 가져온다. 자기 스스로의 성찰을 통해 반성해보고 때로는 채찍질도 하고 때로는 용기도 주어가면서 하나하나 성취해나갈 때 행복을 맛볼 수 있다.

자율규제와 자기통제를 통해 자신 스스로를 이끌면서 자신을 리드해나가는 셀프리더들은 그들의 에너지원인 셀프파워를 만들어 낸다. 셀프파워의 비결은 남들과의 비교를 통해 얻어지는 힘이 아니라 자신과의 비교를 통해 힘을 기르고 동력을 만들어 내는 것이다.

『셀프파워』의 저자인 서울과학종합대학원 김종석 교수에 따르면 "셀프리더의 특징은 자신과 비교할 때 목표점이 100점이 아닌 105점에 맞춘다. 100점을 받기 위해 다른 사람들과 경쟁하는 것이 아니라 어제 자신의 100점보다 더 높은 105점을 받기 위해 자신을 갈고 닦는다. 100점은 힘들지만 105점은 재미있다. 100점을 받는 일은 '달성'이지만 105점을 받는 일은 '도약'이기 때문이다."라고 말한다. 이어서 저자는 "비교의 관점을 '남'에게서 '나'에게 돌리면 경쟁이 아니라 도전이 된다."라고 강조하면서 "셀프리더들은 남과 비교하지 않고 어제의 나와 비교하면서 더 나은 내일을 꿈꾸는 사람들이다."라고 강조했다.

일본의 외식업체 '와타미'는 2014년 현재 일본에서만 700개, 해외에서는 80여 개의 체인점을 운영하고 있는데 서울에도 체인점이 많이 있다. 그러나 그 당시 일본에서 외식업체 1위를 하고 있던 스카이락(skylark)이 가지고 있는 3,700여 개의 점포수를 따라갈 수 없었다. 그래서 와타미 사장은 게임의 룰을 바꿨다. 비교 대상을 다른 기업이 아닌 자기 자신과 경쟁하는 판으로 전장을 옮긴 것이다.

어느 기자가 그에게 질문을 했다. "와타미의 라이벌은 어느 회사입니까?" 그의 대답은 "어제의 와타미입니다."였다. 즉 그에게 경쟁이란 자신과의 경쟁이었다. 어제보다 나아지려는 몸부림, 지금보다 좋아지려는 의지, 오직 스스로에 대한 집중이 지금의 와타미 주식회사를 만들었다고 해도 과언이 아니다.

이 세상에서 자기 자신에 대해 자신보다 더 잘 알 수 있는 사람이 어디에 있겠는가? 나 자신에 대해 남들에게 보여주는 것은 극히 일부분에 해당된다. 그것마저도 선별적으로 보여주고 싶은 것만을 내보일 뿐 내면에 감춰진 것은 오로지 나 자신만이 알 수 있는 것이다.

무궁한 잠재력을 가진 자신을 미처 보지 못하고, 피상적으로만 보여지는 남들에게 비교 관점을 두고 자기만족을 얻는 것이란 정말 어리석은 일이다. 더구나 행복의 관점을 내가 아닌 다른 사람의 잣대에 맞추고 살아간다는 것은 나 자신을 잃어버린 채 영혼을 팔고 사는 삶이다.

경쟁을 피하고 자신만이 존재하는 성을 쌓아야 된다는 뜻은 절대 아니다. 선의의 경쟁은 나를 발전시키는 원동력이다. 그런 경쟁을 통해 얻은 기쁨은 짜릿하다. 상대의 우수성을 진정으로 인정하고 받아들일 때

나의 성장의 발판을 만들 수 있기 때문이다. 단지, 상대의 겉모습만 보고 유혹되지 않으면 된다.

행복의 기준도 내가 설정하는 것이다. 과거의 나와 비교하여 목표를 설정할 때 자발적 동기를 만들어 낼 수 있다. 그 과정 속에서 달성의 기쁨도 느끼고, 성취감도 느끼며 진정한 나의 발전을 꾀할 수 있다. 그러한 비교시스템이 정상 작동되었을 때 비로소 지속가능한 행복을 누릴 수 있게 된다.

26 _익숙한 것에 빠지지 마라

"길을 가다가 돌이 나타나면 약자는 그것을 걸림돌이라고 말하고, 강자는 그것을 디딤돌이라고 말한다." 언젠가 읽었던 책에서 메모해 놓은 문장이다. 어떤 사실에 대해 바라보는 관점이나 생각하는 습관이 자신의 현재와 미래를 만든다고 한다.

또 다른 구절이 떠오른다. "너의 과거를 알고 싶거든 지금 네가 받고 있는 것을 보고, 너의 미래를 알고 싶거든 네가 지금 하고 있는 것을 보아라." 세계적인 작가 톨스토이는 "일생 중 가장 중요한 때는 바로 지금이고, 가장 중요한 사람은 지금 당신이 만나고 있는 사람이며, 가장 중요한 일은 지금 당신이 하고 있는 일이다."라고 했다.

동일한 삶을 살아왔어도 각자 삶을 대하는 태도에 따라 결과는 많은 차이를 보이게 된다. 각자 '삶의 방정식'에 따라 각자의 인격이 다르게 나타나며, 행복의 몫도 다르게 분배될 것이다.

누구나 자신만의 '삶의 방정식'을 갖고 있다. 우선 타고난 천성에서 비롯된 인간성이 있는데 그것이 성격이 될 수도 있고, 개성이 될 수도 있다. 그 다음은 후천적으로 얻은 지식·경험·가치관·관계성·도덕성·긍정성 등 여러 요소가 합해져 각자의 '삶의 품격'이 결정되어진 것이다.

이를 수학공식으로 표현하면 다음과 같다고 본다.

$$f(x) = 인간성 + \sum_{n=1}^{\infty} (지식 + 경험 + 가치관 + 관계성 + 도덕성 + 긍정성 \cdots)$$

살다 보면 사람들마다 펼쳐지는 인생이 때로는 너무나 불공평하다는 생각이 들 때가 있다. 그래서 한 때 금수저, 은수저, 흙수저 같이 태어날 때부터 신분을 다르게 갖고 나온 것처럼 불공평한 세태를 풍자하는 말이 유행한 적도 있었다.

자신의 상황과 조건은 어렵기만 한데, 다른 사람들의 형편은 아주 좋은 것처럼 보이는 것이 일반적이다. 그럴 때면 힘이 빠지기도 하지만, 내 인생의 또 다른 반대편을 찬찬히 들여다보면 그렇지 않다는 것을 본인 스스로도 잘 알고 있다. 그 이유는 자신의 것은 속을 보고 있고 남의 것은 겉모양만 보고 있기 때문이다.

나무가 크면 그림자도 크고, 바람이 더 강하게 부딪히는 법이다. 좋아 보이는 인생에도 큰 시련과 문제가 도사리고 있고, 반면 어렵고 힘든 것처럼 보이는 삶속에서도 축복이 숨어 있다. '왜 나만 이런 고통과 시련을 겪고 있는가?'라고 불평하거나 원망할 필요가 없다. 인생은 이편과 저편이 있다. 우리는 늘 두 가지 측면을 함께 바라보면서 살아야 하기 때문에 어느 한 측면만을 특별히 곱씹으며 원망할 필요가 없다.

인생은 그 자체가 미완에서 시작되어 미완으로 끝난다. 어쩜 우리는 계속해서 뭔가를 추구하고 때로는 작은 목표들에 대해서는 작은 성공을 맛보면서 살아가지만, 각자 삶의 커다란 목표를 완성해보겠다고 발버둥을 치다가 결국 미완성인 채로 삶을 마감한다. 그것이 인생이다. 『나를 사랑하게 하는 자존감』이란 책을 쓴 이무석 교수는 "어느 누구의 삶에도 매일 '공사중'이란 팻말이 붙어 있다."라고 말한다.

세상에 태어날 때부터 순탄한 길만 보장된 사람도 없고, 웃으며 태어난 사람도 없다. 누구나 엄마 배 속에서 10개월 보내고, 울음을 터트리며 가진 것 하나 없이 세상 밖으로 나온다. 그러고 난 후 걸음마를 배우고 기쁨과 슬픔, 고통을 경험하고 뜨겁고 차가운 것을 피하는 방법을 깨달으며 행복하게 사는 방법을 배운다.

누구나 살아가면서 부딪히는 삶의 문제들을 풀어가면서 자기만의 '삶의 방정식'을 만드는 것이다. 행복이란 그 '삶의 공식'을 슬기롭게 풀어내는 사람만이 가지는 특권이라 할 수 있다.

삶이란 실타래처럼 얽힌 복잡한 문제들을 하나하나 풀어가는 시험이다. 끝나는 종이 울릴 때까지 누구나 최선을 다해서 시험 문제를 풀듯, 항상 긍정적인 시각에서 감사하는 마음으로 '삶의 방정식'을 풀다 보면 실타래처럼 꼬인 삶의 문제들이 하나하나 풀리면서 결국 행복이라는 정답을 찾을 수 있다.

한때는 '왜 이렇게 나만 힘들까!', '왜 이렇게 쉽게 풀리지 않는 일들만 연속해서 일어날까!'라며 끊임없이 의문을 품었던 적이 있다. 한참 세월이 흐른 지금에도 그 문제들이 시원하게 풀리진 않았지만, 과거처럼 힘들고 막막하지는 않는다. 변한 게 있다면 세월이 흘러 경험이 쌓이고 살아가는 지혜가 쌓여 세상을 바라보는 관점이 달라졌을 뿐이다.

혜민 스님의 『멈추면 비로소 보이는 것들』에 나오는 구절이다. "어떤 말을 하는가가 행동이 되며, 반복된 행동이 습관으로 굳어지면 그게 바로 인생이 되는 것이다. 그러므로 처음에 어떤 생각을 일으키고 어떤 행동을 하는가가 인생을 좌우한다."

결국 삶이란 생각과 행동, 습관들이 모여 하나의 결정체를 만드는 것이다. 누구에게나 삶이라는 것이 존재하고 성공적인 삶을 원하지만, 누구도 100퍼센트 만족하며 살진 못한다.

어느 대학생이 천재 과학자 아인슈타인에게 물었다. "선생님 우리들에게 알려주실 인생의 '성공방정식'이 있습니까?" 아인슈타인이 대답했다. "물론이네, 인생의 '성공방정식'은 $S = x + y + z$로 표현할 수 있다네. S는 성공, x는 일, y는 재미, z는 침묵이지. 각자에게 주어진 일을 위해 열심히 노력하고, 주어진 삶을 최대한 즐기며, 때로는 침묵할 줄 아는 것이 성공적인 인생의 비결이라네."

'삶의 방정식'을 완벽하게 풀어낼 사람은 없다. 삶을 구성하는 요소가 무수히 많고, 또 그것들을 어떻게 조합하고 어떤 요소에 얼마만큼 집중할 것인지의 문제는 설령 알파고가 빅데이터를 이용해서 해를 찾는다 해도 쉽게 풀리지 않을 문제이다.

우리는 때로 각자가 살아가면서 익숙해진 '삶의 방정식'을 최선의 답이라고 믿고 맹신하는 경우가 있다. 그러고 나서 남을 탓하거나 세상을 원망하는 우(愚)를 범하는 경우가 많다. 한 번쯤은 지금까지 익숙해진 당신의 '삶의 방정식'도 개선할 필요가 있음을 생각하고 겸허히 재검토 해보는 시간을 가져보라. 분명 본인은 스스로 문제점이 어느 부분에 있다는 것을 잘 알고 있을 것이다. 그냥 넘기지 말고 조금씩이라도 고쳐 나가기를 바란다. 언제까지 마음속의 짐으로 남겨놓을 것인가?

27 _남이 아닌 자신부터 바꿔라

세상은 복잡한 곳이다. 시스템을 바꾸기 위해 억지로 애쓰지 마라. "내가 손잡이를 힘껏 돌린다 해서 세상의 모든 문이 열리는 것은 아니다."『내안에서 나를 만드는 것들』이라는 책에 나온 말이다.

그 책에 이런 문구도 있다. "사람은 본래 100만 명을 희생시킨 중국의 기근보다도 자신의 치통에 더 관심이 있다. 아프리카에서 발생하는 40번의 지진보다 자신의 눈앞에 이익을 더 소중하게 여기기 때문이다."

즉 남으로부터 관심을 끌어내는 것도 무척이나 어렵지만, 남을 변화시키는 것은 애당초 불가능에 가깝다. 다만 내가 할 수 있는 것은 상대의 관심에 공감하면서 가까이 해주는 것뿐이다. 변화시킬 수 있는 것은 오직 자신뿐이다. 그러나 반대로 자신만 변화시킬 수 있다면 모든 것이 변화되는 것이기에 초조할 필요가 없다.

모든 출발은 '나'로부터 시작된다. 내가 중심이 되어 가족을 만들고 그 가족단위가 사회를 구성하며, 각자의 사회가 모여 국가를 이룬다. 즉 우주의 기초단위가 '나'라는 존재의 인식이다.

수신제가(修身齊家) 치국평천하(治國平天下)라 했다. '먼저 자신의 몸과 마음을 닦고 수양하여 집안을 평화롭게 한 후에 나라를 다스리고 천하를 평정한다.'라는 뜻이다. 오직 '나'를 바로 세울 때 모든 것을 이룰 수 있고, '나' 자신을 제대로 다스릴 수 있을 때 남 앞에 설 수 있는 것이다. 이를 리더십 관점에서는 '셀프리더십'이라고 한다.

경영학 관점에서 지금까지 학문적으로 이론화 된 리더십 유형만 해도 10여 종류는 훨씬 넘는다. 그중에서도 '셀프리더십'은 일반적인 리더십 유형과는 다소 성격이 다르다. 리더십 중에서는 가장 근본이 되는 리더십이다. 일반적으로 리더십이라고 하면 조직에서 다른 사람들을 리드하여 조직의 목표를 달성하기 위한 제반 행위 등을 포괄하는 개념이다.

'셀프리더십'이란 개인차원에서는 자기계발에 초점을 맞추고 있고, 조직차원에서는 개인에게 기대되는 행동에 초점을 맞추어 타인의 지시나 통제에 영향을 받지 않고 자신에게 영향력을 발휘하도록 하는 일반적인 리더십과는 다른 관점의 리더십이다.

셀프리더십의 대가(大家) 만즈(Manz)는 셀프리더십이란 자아발견과 자기만족을 위한 여행이고 스스로에게 영향력을 행사하는 전략이며, 자기효능감(efficacy)을 위한 기술이고 행동통제의 기초이며 자아완성의 학습과정이라고 정의하였다.

필자는 사실 신입사원 시절부터 지금까지 아침형 인간으로 생활해왔다. 어려서부터 새벽을 여는 아버지의 헛기침 소리에 아침 일찍이 잠을 깨곤 하였다. 그때는 정말 싫었다. 새벽 5시, 소에게 여물을 먹이는 일이 아버지의 첫 일과다.(참고로 농촌에서는 소는 재산목록 1호이다. 논갈이를 비롯하여 모든 농사일에는 소가 빠질 수 없었기 때문이다. 그래서 60년 70년대 농촌에서는 소를 먹이고 기르는 일이 매우 중요한 일과였다.)

아버지가 일어나시면 집안 식구 모두는 으레 기상을 해야 했다. 그때는 빨리 일어나는 일이 정말 싫고 짜증났다. 그렇게 학창시절을 보내서 인지 그 습관이 몸에 배어 나는 자연스럽게 '아침형 인간'이 되었다.

나는 '아침형 인간'으로 살아오면서 나를 발전시킬 수 있는 일이라면 아침 시간을 이용하여 거의 다 해보았다. 테니스, 골프, 어학, 헬스, 독서, 컴퓨터, 음악 등 직장인들이 업무 이외에 우선순위에 올려놓은 일들을 모두 조금씩은 해보았다.

그런 생활이 일상화되고 습관화되다 보니 자연스럽게 자기규제가 몸에 배게 되었다. 물론 처음에는 나 자신도 그런 규제된 생활이 싫었다. 남들과 똑같이 평범하게 직장인의 생활을 하면서 지내고 싶었지만 왠지 몸에 밴 습성은 되돌릴 수가 없었다. 어쩌면 필연적으로 '셀프리더십'의 행동 특성이 직장 초년생 시절부터 나의 의식 속에 자리 잡았다고 볼 수 있다.

셀프리더십의 특징은 '나' 자신의 변화로 '남'이 변화하도록 이끌게 하며, 그 날갯짓이 세상의 변화를 가져오게 하는 원동력이 되게 하는 것이다. 이른바 '상향식(bottom up)리더십'이라 할 수 있다. 이와 관련하여 기억나는 글 하나를 소개하겠다.

세상을 바꾸려 하지 마라.
그것은 단지 거울일 뿐이다.
세상을 강제로 바꾸려는 인간의 투쟁은
자신의 모습이 마음에 들지 않는다고
거울을 깨버리는 것과 같다.

거울은 그대로 놔두고 당신의 모습을 변화시키면 된다. 즉 세상을 그대로 인정하되 당신 자신의 관념을 바꾸면 되는 것이다.

국민 멘토로 통하는 '법륜스님'의 강연 한 구절이 생각난다. "각자 자식들을 포함해서 남을 바꾸려 하지 마세요. 모든 것은 다 이유가 있는 법입니다. 그런데 이유도 모르면서 자기 생각대로 상대가 따라주지 않는다고 괴로워합니다. 남을 바꾸려고 애쓰는 대신 내가 먼저 자유로워져야 합니다. 인간은 관성의 동물이라서 자신을 바꾸는 것도 매우 어렵습니다. 하물며 남을 바꾼다는 것은 오만입니다. 오직 나를 바꾸는 것만이 걸림 없이 자유롭고 다툼 없이 행복해지는 유일한 길입니다."

2015년도 한국갤럽의 설문조사 결과, 리더의 고민 중에 1순위는 '사람 관계'였다. 그 고민의 핵심은 바로 상대방을 '변화시키려는' 데 있다고 본다. 내가 원하는 대로 따르기를 바라거나 나를 지지해주기를 바라는 데서 나오는 고민일 것이다. 그러나 그 고민을 해결하는 비법은 의외로 간단하다. 그 비법은 "상대방이 나에게 해주기를 바라는 대로 내가 먼저 그 행동을 하면 되는 것이다."

당신은 진정 자신을 변화시키려는 노력을 얼마나 하고 있는가? 그것은 쉬울 것 같지만 사실 매우 어려운 문제이다. 논어에 기욕입이입인(己欲入而立人) 기욕달이달인(己欲達而達人)이라 했다. "자기가 서고자 하면 먼저 남을 일으켜 주고, 자신이 이루고자 하면 먼저 남을 이루게 해준다."라는 뜻이다.

세상을 바꾸는 유일한 길은 '나'를 바꾸는 것이오, 상대를 바꾸는 유일한 길은 상대의 뜻을 이해해주고 상대를 배려하는 마음에서 시작된다.

28 _관계 향상을 위해 상대를 배려하라

우리가 살다 보면 이런 말을 흔히 사용한다. "내가 너라면 이렇게 했을 거야", "내가 너의 입장이라도 그렇게 했을 거야." 우리는 상대방에게 원하는 사항을 마음에 담고는 있지만, 말로는 표현하지 못하고 상대방이 알아서 해주기를 기대한다. 즉 자신이 듣고 싶은 말을 상대방이 미리 간파해서 표현해주기를 바라는 것이다.

"인간은 사회적 동물이다."라는 말은 관계의 중요성을 강조한 말이다. 가정에서, 학교에서, 직장에서, 사회에서, 각종 단체생활 등 모두가 서로서로 관계를 맺고 그 속에서 일이 이루어지며 모든 감정이 그 속에서 생성되고 분출된다.

사람들의 87퍼센트가 인간관계로 스트레스를 받고 고민을 한다는 2015년도 한국갤럽 조사결과를 본 적이 있다. 그런데 그 조사에 의하면 아이러니하게도 성공한 사람의 85퍼센트는 성공의 이유로 '인맥'을 꼽았다. 기술과 지식 등으로 성공했다고 하는 사람은 15퍼센트도 되지 않는다는 말이다. 즉 스트레스의 원인으로 각종 번뇌를 일으키는 관계형성 문제를 어떻게 다루느냐에 따라 성공과 실패가 좌우된다고도 할 수 있겠다.

'관계'의 사전적 의미는 '둘 이상의 사람·현상 따위가 서로 관련을 맺거나 관련이 있는 상태'를 말한다. 좁은 의미에서의 관계는 사람과 관련된 사항이라고 말할 수 있지만, 넓은 의미에서의 관계는 사람 사물 구분 없이 자신과 관련된 모든 사항을 말한다.

그래서 나를 중심으로 관계를 보면 크게 두 가지로 구분해볼 수 있다. 하나는 '나와 타자와의 관계'이고 다른 하나는 '나와 관련된 현상과의 관계'이다. 전자의 핵심은 '상대'가 되고, 후자의 핵심은 '자신'이 된다.

'자신'은 본인 스스로가 감정을 조절하고 자기규제를 하면 된다. 그러나 '상대'는 내가 조절할 수 있는 영역이 거의 없다. 상대를 변화시키려 하는 것은 불가능에 가깝기 때문이다. 그럼에도 불구하고 대부분의 사람들은 이를 망각하고 상대를 변화시키려고 한다. 주관이 개입되면 '나는 옳고, 상대는 틀렸다.'는 심리가 깊이 자리 잡는다.

어떤 관계라도 여기에서부터 마찰이 생기고 온갖 문제가 야기되는 것이다. 관점이 다를 뿐 상대가 틀리지는 않기 때문이다. 나와 다르다는 것을 인정하지 않고, 상대가 내 의견에 반대하거나 틀렸다고 지적하는 것으로 오해하고 착각을 한다.

공자는 "자신이 나서고 싶을 때는 남이 나서도록 도와주고 자신이 뜻을 펴고 싶을 때는 남이 뜻을 펼치도록 도와주어야 한다."라고 했다. 이와 같은 마음으로 상대를 대한다면 이 세상은 한층 더 살맛나는 세상으로 변할 것이다.

이성적인 행동을 하는 사람이라면 그렇게 되도록 노력하고 배우고 자기수양을 쌓을 것이다. 그러나 아무런 대가 없이 자기 자신의 이익에 앞서 상대를 먼저 배려한다는 것은 말처럼 쉽지 않다.

'If I were you.' '내가 너라면' 이렇게 할 거야! 라는 단순히 제3자의 관점이 아니라 상대 입장에서 진정성을 갖고 의견을 말해주는 것이 옳다. 즉 '내가 너의 입장에 있더라도 그렇게 생각하고 행동할 것이다.'라는 양자의 관점으로 생각해보라는 것이다.

상대를 대할 때 '다르다'는 관점에서 바라보면 대화나 협상에 있어 매우 편하게 대할 수 있다. 상대의 관점을 인정한다는 뜻이기 때문이다. 상대를 먼저 인정하고 나의 입장을 말할 때 상대에게 접근하기가 훨씬 편해지고 상대도 역시 나의 입장을 이해하려고 노력하게 된다.

우리 삶의 행복 여부도 상당 부분은 '관계의 질'에서 결정된다. 상품에는 품질이 있듯이 인간관계에도 품질이 있다. 우리 주변에서도 남들과 관계형성을 유독 잘하는 사람이 있다. 그런 사람들은 보통 사교적이면서 성격이 원만한 사람들이다.

인간관계는 참으로 다양한 형태로 관계가 구축되어 있음을 알 수 있다. 갑과 을 관계처럼 불평등 관계도 있고, 남녀 간의 사랑하는 관계도 있다. 때로는 인생을 같이하는 관계 혹은 피상적으로 맺은 관계도 있다.

관계의 출발은 상대를 배려하는 것에서부터 시작되는데, 관계에서의 핵심은 무엇보다 경청이다. 경청이 바로 상대를 배려하는 마음에서 비롯된 것이다. 따라서 어느 집단에서나 남의 말을 잘 들어주고 호응해주는 사람은 누구하고도 관계가 좋을 수밖에 없다. 곧 상대의 배려가 '관계의 질'을 결정한다고 볼 수 있다.

상대의 말을 경청하는 데 있어서도 다음과 같은 원칙이 필요하다.

첫째, '7:3의 법칙'을 지킨다. 즉 상대방이 70퍼센트의 대화 점유권을 가지도록 하라.

둘째, 어떤 문제를 먼저 주장하거나 제시하여 논쟁(argue)으로 비화되는 것을 막아라.

셋째, 대화의 대부분을 질문에 할애하라. 단, 질문도 'yes'라는 긍정의 답이 나오도록 하라.

당신이 앞에서 말한 원칙들만 잘 지켜도 탁월한 대화 기술을 가졌다는 평가를 받을 것이다. 상대의 입장에서는 모두가 그렇게 해주기를 원하기 때문이다. 단 머리로 아는 것은 쉽지만, 실천하는 것은 무척이나 어렵다.

요즘에는 상대와의 '관계의 질'을 높이는 방법을 소개하는 지침서와 같은 책들이 인기다. 예를 들어 『설득의 심리학』, 『대화의 습관』, 『협상의 법칙』 등 관계와 관련된 수많은 주제를 다룬 책들이 서점가를 점령하고 있다. 이들 책에서 말하는 핵심은 상대를 대하는 데 있어 얼마나 진정성 있게 배려하느냐에 따라 '관계의 질'이 결정된다는 것이다. 그것을 모르기 때문에 관계의 질이 좋지 못한 것은 아닐 것이다. 문제는 본인의 태도나 상대를 대하는 자세이다.

"내가 대접받고 싶은 대로 상대를 대하라."라는 말을 잘 알고 있으리라. 상대에게 내가 원하는 것을 요구하는 것이 우선이 아니라, 상대방의 마음을 읽고 상대가 필요한 사항을 우선 파악하려는 자세가 '관계의 질'을 높이는 데 핵심이 된다는 점을 명심해야 한다.

29 _자신에겐 엄격하되 상대에겐 관대하라

우리는 인생 선배가 흔히 하는 충고나 책이나 강연에서 "남에게는 관대하고, 자신에게는 엄격하라."라는 말을 많이 듣는다. 당연한 말로 들리기도 하지만, 실상 우리는 전혀 반대의 모습으로 살아가고 있지 않나 싶다.

한편, 자신이 여유가 없다는 핑계로 남에게 관대해지는 것을 포기하거나 혹은 자신이 실천하기에는 벅차지만 남들은 그렇게 해주기를 바라는 심정일 수도 있다.

얼마 전 우리 팀에서 있었던 일이다. 우리 회사가 주관하는 국제행사와 관련한 대외발송용 문서를 기안해 최고 경영층에 보고할 일이 있었다. 바쁘다는 핑계로 팀장인 나는 팀원이 작성해온 문서를 그냥 믿고서 대략 살펴보고 결재를 하였다. 불행하게도 결재과정에서 외부로 유출되어서는 안 되는 문구가 들어 있는 것을 결재 마지막 단계인 임원이 밝혀냈다.

팀장인 나는 얼굴을 들 수가 없었다. "팀장으로서 검토를 제대로 못한 것에 대해 죄송스럽게 생각한다."라고 사죄하면서 그 자리를 나왔지만 너무 화가 나서 좀처럼 진정이 되지 않았다. 팀원의 실수에 화가 나기도 했지만, 사실 나 자신에게 화가 치밀었다. 아무리 일정이 바빴기로

서니 그런 실수를 했다는 것은 내가 내 업무를 소홀히 했다는 증거로 변명의 여지가 없었기 때문이다.

사무실로 돌아온 나는 해당 팀원을 불렀다. "도대체 이러한 문구가 어떻게 임원 보고문서에 들어갔다는 말인가?" "직장생활 10년이 넘은 간부직원이 어떻게 그런 실수를 할 수 있는지 이해가 가질 않는다."라면서 해당 팀원을 다그쳤다. 그러나 진정 그 이야기를 들을 사람은 나 자신이라는 사실을 잘 알고 있었다. 돌이켜보면 해당 팀원은 그 업무에만 몰두한 나머지 그 일로 인한 여파를 미처 검토하지 못할 수 있기 때문이다.

종합적으로 생각하고 문서를 정확하게 검토할 책임은 바로 팀장인 내 몫이었지만 난 그만 모든 실수의 책임을 그 팀원에게 전가한 것이다. 아무 말도 못 하고 돌아서는 팀원을 바라보며 난 또다시 양심에 가책을 느낄 수밖에 없었다.

직장에서 관리자나 사회에서 지도층이 흔히 저지르는 실수가 바로 그런 행위이다. 특히 자신에게 엄격해야 하는 자리에 있는 사람들이 자신의 잘못된 행위에 대해 책임은 아랫사람에게 넘기고, 엄격함과 권위만을 내세우는 사람들이 아직도 우리 주변에 있다.

이성과 양심이 있는 사람이라면 비윤리적·비도덕적인 행위를 했을 때 스스로가 먼저 알고 있다. 그러한 기본 질서를 지키는 행위를 남이나 사회 탓으로 돌리기보다는 나 자신부터 실천하는 정신이 중요하다.

세상이 각박해질수록 누군가 주변 사람을 돕고 산다는 훈훈한 이야기가 들리면 괜스레 마음이 따뜻해진다. 개인과 우리 사회가 한 단계

더 성숙해졌다는 생각이 들기 때문이다. 그런데 누군가를 돕는다는 것이 대체 누구를 위한 것일까? 도움을 받는 사람을 위한 것일까 도움을 주는 사람을 위한 것일까?

두 사람 모두를 위한 일이라 생각한다. 우리 인간의 본래 마음속에는 이타심(利他心)이 있다. 이타심은 자기의 이익보다는 다른 사람의 이익을 더 꾀함을 의미하는데, 이는 다른 사람의 애처로움을 보면 그냥 지나치지 못하고 도움을 주고자 하는 심리이다.

인간뿐만 아니라 동물도 남을 배려하는 마음, 즉 이타심이 있다. 2011년 스위스 베른 대학교 연구팀은 다른 쥐에게 도움을 받은 적이 있는 쥐가 또 다른 쥐를 도와준다는 사실을 알아냈다. 연구를 주도한 마이클 타보스키 교수는 "동물도 사람처럼 진화와 경험을 통해 같은 종에게 이타심을 발휘한다는 사실이 밝혀졌다."라고 말했다.

2013년 넬슨 만델라(1918-2013) 전 남아프리카공화국 대통령이 서거했을 때 그의 마지막 가는 길에 세계 지도자들이 몰려들었다. 전 세계 정상급만 90여 명으로 2005년 열린 교황 요한 바오로 2세의 장례식을 뛰어넘는 수준이었다. 아마도 만델라 대통령이 남긴 삶의 진한 감동 때문이었을 것이다. 그의 평생을 관통한 화두는 용서와 화해였다. 오랫동안 엄청난 박해와 탄압을 받은 사람으로서 선택하기 어려운 화두였지만 그는 이를 훌륭하게 실천하였다.

2009년 겨울 김수환 추기경이 떠날 때의 모습도 비슷했다. 수많은 사람들이 추운 날씨에도 불구하고 명동성당 앞에서 줄을 지어 몇 시간씩 기다려 조문했다. 왜일까? 이는 자신보다 이웃과 사회를 위해 헌신한 추기경의 삶이 많은 사람들의 가슴에 각인되었기 때문이다.

우리가 잘 알고 있는 법정 스님과 이해인 수녀의 수많은 일화도 같은 이치다. 종교를 떠나 두분의 우정은 항상 따뜻함과 절제된 미학적 아름다움으로 우리들 가슴속에 영로히 새겨져 있다. 법정스님은 고인이 되셨지만 두 분 모두 본인들은 큰 병에 걸려 자신들의 고통을 추스르기도 힘들었을 텐데 남들의 가슴 아픈 사연에 공감하며 위로하는 아름다운 선행을 늘 보여주고 있다.

법정 스님은 자신의 저서에서 "수녀님을 보면 맑은 영혼의 향기가 느껴진다."라며 타 종교지만 천주교에 호감을 표시했고, 이해인 수녀 또한 법정 스님에게 "스님의 맑은 영혼에 깊이 감동했다."라고 하면서 서로가 상대를 존중하며 상대 종교까지도 관대하게 받아들였다고 전해진다.

모든 곳에서 자신을 낮추고 남에게 관대해지려는 정신운동을 나부터라는 자세로 실천해간다면 그것이 바로 '향기 나는 세상'을 만들어가는 아름다운 모습이다.

30 _스스로 평가하고 수시로 성찰하라

스스로 목표를 설정하고 스스로 동기를 부여해 목표를 달성해가는 사람이 '셀프리더'이다. 셀프리더는 자기규율을 하며 반복된 자기성찰과 피드백으로 자기 자신을 통제할 수 있는 능력을 지닌 사람이다.

21세기 경영환경에서 가장 필요로 하는 역량 모델링은 '셀프리더'형의 인재이다. 자율경영이 일반화되어 가는 수평적 조직에서는 특히 타인의 지시와는 상관없이 자신을 컨트롤할 수 있고 자신을 리드할 수 있는 사람만이 요구되는 시대이다.

이는 단순히 리더의 위치에 있는 사람만이 가져야 할 소양이 아니다. 직장인이라면 어느 위치에 있든 상관없다. 신입사원, 간부직원 혹은 임원까지 모두에게 해당하는 역량 모델링이다.

물론 직장인이 아니어도 마찬가지이다. 개인사업자나 전문직에 종사하는 사람도 주체적인 삶을 살고자 희망하면 누구라도 '셀프리더'형의 인간이 되어야 한다.

현대인들은 누구로부터 지배를 당하거나 간섭받는 것을 매우 싫어한다. 자신의 삶을 스스로 개척하고 가능하면 남에게 방해받지 않고 본인이 설정한 목표를 이루면서 행복을 찾아가고자 한다.

그러나 자율 뒤에는 책임이 따르는 법, 그러한 생활에는 보다 높은 책임과 의무가 요구된다. 각자가 소속된 집단의 규율에 맞추어 자기통제 범위를 설정해야 한다. 일종의 '셀프리더'의 사회적 책임이다. "나만 좋으면 그만이다."라는 무책임한 자세는 철저히 배제되어야 한다. 당연히 "함께 가야 한다."는 의식이 전제되어야 한다.

'셀프리더'는 타인으로부터 평가받기를 거부한다. 대신 그 누구보다도 엄격하고 공정한 내부 관찰자인 본인이 자기 자신을 평가한다. 또한 그들은 평가결과에 따라 자기보상과 자기처벌을 자연스럽게 행하는 사람들이다. 우선 본인이 스스로의 가치를 평가해서 인정할 수 있을 때 스스로 자기의 삶에 보람을 느끼며 진정한 삶의 주인공으로서 당당함을 유지할 수 있다.

셀프리더가 지녀야 할 핵심 가치인 셀프리더십의 전략에는 자기보상과 자기비판이 있다. '자기보상'이란 스스로 잘한 것에 대해 자신에게 기억에 남을 만한 선물을 해준다든지 휴가를 떠나 며칠간이라도 자신의 삶을 돌아보는 시간을 갖는 행위를 말한다. '열심히 일한 당신 떠나라'고 했던 TV광고 카피가 생각난다. 듣기만 해도 보상받는 느낌이다.

반대로 그렇지 못한 경우에는 스스로 반성할 기회를 갖고 자신이 했던 일을 점검해야 한다. 당초 설정했던 목표를 위해 실천하지 못한 자신의 나약함을 질책하거나 도덕적이고 윤리적으로 설정해 놓은 가이드라인의 범주를 벗어날 때는 깊이 반성하고 뒤돌아보는 참회의 시간을 갖는다. 이런 행동들이 '자기비판'에 해당된다.

자기보상과 자기비판이 적절하게 조화를 이룰 때 균형 있는 자기통제가 가능하다. 한쪽으로만 쏠리면 여러 가지 부작용을 낳을 수 있다. '자기보상'에 너무 치우치면 결국 자기기만에 빠져 자기 안위(安慰)만을 찾거나 더 이상의 발전을 멈추게 된다.

반면 '자기비판'에 너무 치우치면 스스로가 본인의 기(氣)를 죽이게 되어 열등감을 일으키게 된다. 그것이 더욱 심해지면 우울증 혹은 다른 심각한 정신질환으로까지 발생할 수 있는 부작용을 낳게 된다. 결국, 적절한 조화만이 삶의 활력소가 되는 것이다.

과유불급(過猶不及)이라는 말처럼 아무리 좋은 약이라도 과하면 해가 되듯이 셀프리더십을 향상시키는 전략에도 균형과 조화가 반드시 필요하다. 적절한 시기에 자기비판과 자기보상을 하여 자신을 자극하고 동기부여 하는 것이 앞으로 나아갈 수 있는 원동력이 된다. 그러한 원동력이 자신을 스스로 이끌고 발전시키는 힘의 원천이 되고 그런 행위가 내재화되는 선순환 구조를 만들어 내는 것이다.

우리는 남의 평가에 익숙하다. 남을 의식해서 자신의 행동을 통제하거나 남의 평가 잣대에 자신을 맞추려고 자기 욕구를 자제하는 것을 당연하게 여겼다.

직장에서는 특히 남의 평가에 귀를 기울일 수밖에 없다. 과거에는 상사의 평가가 유일한 평가방식이었기 때문에 평가주체인 상사의 관점에 초점을 맞추어 생활할 수밖에 없었다. 그러나 시대가 바뀌면서 평가방식에도 서서히 변화가 일었다.

언젠가부터 불어닥친 '다면평가 제도'가 기업문화를 확 바꾸어 놓은 것이다. 이제 나를 중심으로 상사, 부하, 동료, 심지어 고객으로부터 평가를 받는 시대가 되었다. 기업은 평가의 객관성을 높이는 차원에서 실시한 것이기에 직원들은 이러한 평가방식에 조금 불만이 있더라도 쉽게 반발 할 수도 없는 노릇이다.

이러한 현실에서 남의 시선에서 벗어나 자유롭게 행동하기란 사실 불가능하다. 그럼 주체적인 삶을 살아가는 방법은 없을까? 바로 그러한 측면에서 '셀프리더십(selfleadership)'의 역량을 확장하는 방법이 대안으로 떠오르고 있다.

남을 의식해서 자신의 욕구를 통제하고 자신의 가치를 제대로 펼쳐 보이지 못하는 소극적인 삶은 지속될 수 없을 뿐더러 삶의 질을 말할 수 없을 정도로 떨어트리는 결과를 초래하기에 청산해야 할 악습이 되었다. 대신 나 자신에 대해 스스로 평가하고 옳고 그름을 내가 판단하는 적극적인 삶의 태도를 견지할 필요가 있다.

'셀프리더십'은 자기 자신에게 최대한 집중하여 본인 스스로 행하는 리더십이다. 자신의 가치를 먼저 인정하고 믿어야 한다. 삶의 비전과 목표를 스스로 설정하고 그 목표에 도달하기 위한 각종 규제나 통제범위를 스스로 정하고 지켜나가는 것이다.

남의 의식으로부터 자유로워질수록 자기 자신에게 더욱더 집중할 수 있다. 그에 따라 자존감이 높아지게 되며 본인의 행복지수 역시 향상된다. 부수적인 효과로는 사고가 유연해지고 깊어져 창의적 발상이 쉼 없이 일어난다.

남에게 평가를 받는다는 것은 결코 바람직하지만은 않은 일이다. 그래서 그 대안이 되는 것이 자기평가, 즉 자신 스스로 평가하고 평가받는 방식이다. 이제는 어느 기업에서나 다면평가가 일반화되었지만 아직도 제도적으로는 상사평가의 비중이 높다.

　제도적인 평가시스템을 거부하거나 부정하는 것이 아니다. 상사평가 이전에 나 자신에 대해서 내가 먼저 스스로 평가하고 무엇을 보완하고 채워나가야 할지를 판단하여 자신을 강화시키는 도구로 삼아야 한다. 자기평가는 시기를 정해서 할 필요도 없다. 수시로 하면 된다. 나를 이끄는 주도적인 삶은 바로 내가 스스로 평가하여 자기만족을 찾으면서 때로는 채찍을 가하기도 하는 것이다.

　너나 할 것 없이 이제는 내 감정에 충실하기 위한 노력이 필요하다. 나 자신에게 집중하지 못한 결과가 얼마나 많은 부작용을 초래하는가? 행복은 다른 데 있지 않다. 내가 갖고 있는 꿈을 위해 한 가지씩 실천하면서 소소하게 느끼는 만족감에서 행복이 싹트는 것이다. 그 행복은 남에 의해서가 아니라 바로 나 자신에게서 시작된다.

31 _머뭇거리지 말고 당장 실행버튼을 눌러라

발명가 토머스 에디슨의 말에 힌트가 있다. "천재는 1퍼센트의 영감 (inspiration)과 99퍼센트의 노력(perspiration)으로 이뤄진다." 아이디어의 실현도 마찬가지다. 정말 좋은 생각이 떠올랐다면 1퍼센트 정도 진척됐다고 생각하면 된다. 문제는 나머지 99퍼센트이다.

에디슨은 다음과 같이 '아이디어 실현'의 공식을 만들었다. '아이디어 실현 = 상상력 + 조직화와 실행력 + 함께하는 사람들의 힘 + 리더십'이다. 즉 아이디어 자체만 가지고는 아무것도 이뤄지지 않는다는 것을 강조하였다.

카를로스 곤 르노닛산그룹 회장은 "아이디어가 좋고 나쁨은 어떻게 실행하느냐에 따라 결정된다고 하였다. 아무리 멋진 아이디어라도 가지고 있는 것만으로는 아무 소용이 없다. 아니 좀 더 심하게 말하면 머릿속에 들어 있는 아이디어 따위는 없느니만 못하다. 따라서 성과를 얻기 위해서는 단순히 아이디어로 끝나서는 안 되며, 그 아이디어를 실행할 수 있는 사람이 되어야 한다."라고 하였다.

손정의 회장과 마윈이 하나의 문제를 가지고 이야기를 했다. "일류 아이디어에 삼류의 실행을 더하는 것과 삼류 아이디어에 일류의 실행을 더하는 것 중에 어느 것을 선택할 것인가?" 두 사람의 답은 일치했다.

삼류의 아이디어에 일류의 실행이 낫다는 것이다.

개인이나 기업 모두에게 아이디어가 아니라 실행력이 성공의 지름길이다. 지금, 바로, 빨리 실행하고 잘못을 발견하면 즉각적으로 고쳐나가는 유연한 조직이 우유부단해서 결정도 못 내리고 실행도 하지 못하는 조직을 항상 이기는 이유이다.

삼성에서는 'CL(Creative Laboratory)'이라는 제도가 있다. 새로운 아이디어를 제안하여 채택되면 6개월에서 12개월까지 현업에서 빠져나와 새로운 제안과제를 수행할 수 있는 제도이다. 설사 그 결과 성과에 못 미친다 해도 실패를 추궁하지 않는 것을 원칙으로 한다.

유사 사례로 포스코에서는 '실패상'이라는 제도를 도입해 직원들이 기술 개발에는 성공했지만 상용화에 실패한 경우는 1,000만 원까지 시상한다. 이들 제도의 공통점은 업무를 통하여 종업원 각자가 주인이 되어 스스로를 이끌어 보게 하고 그러한 제도가 활성화되어 도전적이고 창의적인 조직문화를 형성하고자 하는 취지이다.

인간의 본질 중에 자율이라는 특성을 활용하는 것이다. 다르게 표현하면 주인의식을 갖게 함으로써 좀 더 능동적인 행위를 끌어내려는 시도라고 볼 수 있다. 그 결과가 모두 성공으로만 이어질 수는 없지만 설령 실패하더라도 실패에서 얻은 교훈은 그 어떤 교육보다 더 큰 효과를 발휘한다.

그래서 포스코에서는 실패상이라는 것을 만들어 시행한 것이라고 본다. 손실을 초래한 자에게 오히려 상을 주어 격려한다는 것이 쉽게 이해되지 않을 수 있다. 그러나 장기적으로 지속 가능한 발전을 희망한다면 그러한 제도가 정착되어 조직문화로 이어지게 하여 많은 직원들이 내재된 잠재능력을 스스로 표출할 수 있도록 해주어야 한다.

결국 모든 직원들이 셀프리더가 되어 조직의 목표를 달성하고자 할 때 건전한 조직문화가 형성된다. 종업원 개인은 자기 성취를 통해 행복감을 느끼게 되며 조직은 각 구성원들의 역량을 최대한 발휘하게 하여 성과를 이끌어 내도록 한다. 그러한 분위기가 지속되었을 때 그 기업은 지속 가능한 조직이 된다.

'창의적 천재는 고독하다'는 말이 옛날엔 통했을지 몰라도 21세기엔 아니다. 창의적인 사람들에게는 세 가지 유형이 있다. 몽상가, 행동가, 점진주의자다. 몽상가는 이상주의자다. 행동가는 실행에 강하지만 상상력이 부족하다는 단점이 있다. 점진주의자는 양쪽을 넘나드는 능력이 있다. 하지만 그는 한 가지 일에 집중하지 못하고 엄청나게 많은 프로젝트를 혼자 구상해 실행하다 툴툴거리면서 멈춰버리는 습성이 있다.

서로 힘을 합치면 시너지가 커진다. 행동가와 몽상가가 모이면 놀라운 성과를 거둘 때가 많다. 점진주의자는 양쪽 모두에게 수혈을 해줄 수 있는 'O'형과 같다. 천재적 능력에 더해 서로가 힘이 되어주는 집단이 된다면 그 역량은 배가 될 것이며, 겹겹이 쌓이게 되면 결국 강력한 집단 동력이 만들어지게 된다.

아이디어를 조직화하여 필요한 상품과 서비스를 개발하는 회사 '비핸스(Behance)'의 창립자 스콧 벨스키는 '99퍼센트 회의'란 이름의 콘퍼런스를 매년 개최한다. 척 봐도 알 수 있듯 에디슨의 말에서 따온 이름이다. 이 회의에서는 아이디어를 어떻게 짜냈는지에 대한 얘기는 다뤄지지 않는다. '어떻게 그 아이디어를 실행하였는지'가 중점적으로 논의된다.

지금껏 등장했던 연사 중에는 세계에서 가장 영향력 있는 사람 중 한 명으로 손꼽히는 세계적인 경영구루이며 강연·저술가인 '세스 고딘'이 있었다. 그는 『시작하는 습관』 등 다작(多作)으로도 유명한 작가이다. 어느 날 강연에서 고딘은 청중들에게 슬라이드 하나를 보여줬다.

"평생 내가 만든 상품과 출간한 책의 이미지를 합성한 것"이라고 소개한 뒤 "이 중 대부분은 실패로 끝났다."라고 고백했다. 이어 "그럼에도 내가 성공한 이유가 있다면 끊임없이 뭔가를 배출했기 때문이다."라고 덧붙였다. 세스 고딘은 이 일화를 소개하며 "많은 실패를 기꺼이 대가로 치르겠다는 생각을 가져야 아이디어를 성공시킬 수 있다."라고 말했다.

필자도 생활철학 중에 '시작하는 습관'이 깊게 몸에 배어 있다. 무엇이든 그 일이 옳다고 생각하면 즉시 실행하는 습관을 가지고 있다. 때로는 실패도 있었다. 그러나 그 실패는 나에게 또 다른 통찰을 가져다주었기에 결코 실패로만 끝나는 것이 아니었다. 실패는 새로운 것을 시작할 수 있는 기회이기도 하다.

또 다른 시작은 곧 나의 에너지원이 되고, 시작에는 항상 설렘이 있다. 시작은 무언가 새로운 세계로 나를 이끄는 것이기에 내 몸속에 에너지를 집중시킨다.

'실행'한다는 것은 새로운 것을 시작한다는 의미이다. 머물러 있는 것만큼 어리석은 짓은 없다. 나 자신을 희망의 세계로 이끌어 행복을 얻고자 한다면 생각했던 것을 즉시 실행에 옮기는 것이 답이다.

"구슬이 서말이라도 꿰어야 보배다"라는 속담처럼 아무리 번뜩이는 아이디어가 있다 해도 실행하지 않는다면 무슨 소용이 있겠는가? 그런 사람은 몽상가일 뿐이다. 당신의 좋은 생각과 번뜩이는 아이디어가 있다면 지금 당장 '실행'버튼을 눌러라!

32 _교만과 비굴함이 아닌 조화를 실천하라

논어에 '군자화이부동(君子和而不同), 소인동이불화(小人同而不和)'라는 글귀가 있다. "군자(君子)는 어울리기는(和) 하지만 같아지지는 않고, 소인(小人)은 같아지기는(同) 하지만 어울리지는 않는다."라고 하였다. 여기서 어울린다는 것은 조화로움을 뜻하지만, 같아지는 것은 획일화를 뜻한다.

둘 이상이면 의견이 다를 때가 많다. 그렇다고 다른 의견을 무시하지는 않는다. 그것을 수용하지 않고 어울릴 수가 있겠는가? 하지만 무조건 어느 한 사람의 주장을 따르지는 않는다. 이때 두 사람의 의견을 조화롭게 융합하여 다른 하나의 의견을 만들어 내는 것이 '화이부동'의 참뜻이다.

음악을 하는 데 있어 화음(和音)이라는 것이 매우 중요하다. 악기를 연주하는 오케스트라 단원들이나 합창하는 단원들 모두에게 화음은 절대적인 요소이다. 여기서 화음은 조화롭게 어울려서 나는 소리를 말하는 것인데, 그렇다고 각자 자기가 담당한 악기의 특성을 나타내거나 목소리를 내지 말라는 것은 아니다.

자기의 특성을 충분히 발휘하되 다른 사람들과의 조화를 위해서 자기의 특성을 높이거나 약하게 하거나 때에 따라서는 본인의 특성을 나타내지 않을 수도 있는 것이다. 그것은 오로지 조화로움을 위한 배려에서 나온 것일 뿐 모두가 같아지기만 하려는 것과는 전혀 다른 이치다.

자기 것만 옳다고 주장하는 것은 교만(驕慢)이고, 자기주장은 없이 남의 것만 추종하면 비굴(卑屈)한 것이다. 교만과 비굴함이 없이 자기 목소리를 내되 타인의 주장도 수용할 줄 아는 배려와 양보만이 화(和)를 이룰 수 있다.

화(和)의 사상은 특히 리더들에게는 반드시 필요한 덕목이다. 화(和)는 크게 세 가지로 분류하는데, 그 모든 것을 조화롭게 만들어 상호 어울리게 하는 것이 리더의 역할이다.

첫 번째로 가정이 화목(和睦)해야 수신제가(修身齊家)가 되는 것이며, 두 번째로는 사회를 조화(調和)를 이루게 해야 치국(治國)이 되는 것이며, 세 번째로는 세상의 평화(平和)를 이루게 해야 평천하(平天下)가 되는 것이다.

앞서 말한 것처럼 세상을 이롭게 하고 향기 나게 하는 '화목, 조화, 평화' 세 가지 모두의 공통점으로는 단어에 화(和)가 들어간다는 것이며, 결국 세상을 움직이는 힘은 관계를 조화롭게 하는 화(和)의 사상이라고 본다.

결국 세상살이는 나 혼자의 판단으로 평가하는 것이 아니다. 아무리 나 혼자서는 잘했다고 생각한들 남들이 인정하지 않을 때는 무언가 조화롭지 않기 때문이다. 내가 하는 일이 나에게도 이롭고 상대방도 이롭게 하여 사회 전체에 이득을 가져오게 하는 일이야말로 잘된 일이라고 할 수 있다.

산업혁명 직후인 19세기 초, 영국에서는 일자리를 빼앗아가는 방직 기계를 파괴하자는 '러다이트 운동(Luddite movement)'이 빠르게 전개되었다. 이어서 정보혁명과 디지털시대가 도래하자 '네오러다이트 운동 (Neoluddite movement)'이 다시 조용하게 전개되었다. 네오러다이트 운동가들은 첨단기계를 파괴하지는 않았지만, 컴퓨터로 대표되는 과학기술혁명의 굴레에서 벗어나 자연과 어우러져 인간답게 사는 것을 목표로삼았다.

이런 네오러다이트 생활운동의 중심에는 미국의 헬렌 니어링, 스코트니어링 부부가 있었다. 그 부부는 '빨리빨리'에 익숙한 속도의 시대에 맞서 '느리게 단순하게 살기'를 추구하였다. 그들의 주장은 '속도가 빨라지면 생각이 짧아진다'는 것이다.

그들은 '단순하고 충만한 삶'을 위해 거대도시 뉴욕의 문명을 과감하게 떨쳐 버리고 버몬트 주의 숲 속으로 들어가 자연주의 삶을 유지하면서 그들이 느끼고 체험한 삶의 이야기를 진솔하게 기록한 『조화로운 삶 (living the good life)』이란 책을 출간하였다.

니어링 부부가 자연에서 느낀 대안적인 삶의 방식으로 진정한 자유를 전하는 이야기를 담은 이 책은 1954년에 처음 출간되었다. 그 이후로 26년간은 개정판을 낼 때마다 베스트셀러가 되어 더욱 주목받았다.

이 책에서 니어링 부부는 가장 조화로운 삶은 "이론과 실천이 함께하며, 생각과 행동이 하나가 되는 삶이다."라고 결론을 맺었다.

또한 이 책은 『느리게 산다는 것의 의미』의 저자이자 '느림의 철학자'인 피에르 상소에게도 적지 않은 영향을 미친 것으로 전해졌다. 국내에서는 '무소유'의 철학을 실천한 법정 스님도 니어링 부부를 무척이나 존경하고 그들의 삶에 공감했다고 한다.

잘산다는 것은 조화로운 삶을 의미한다. 나와 다른 사람과의 조화, 나의 생활환경과의 조화, 내가 처한 시대적 상황과의 조화 등 나를 중심으로 주변 모두와의 어울림을 말한다. 날이 갈수록 각박해지고 복잡해지는 현대의 생활 속에서 조화로운 삶을 이룬다는 것은 쉽지 않은 일이다.

나 혼자 살아가기도 벅찬 세상인데 주변과 조화롭게 살아간다는 것은 어찌 보면 사치라고 여길지도 모르겠다. 그래서 그런 삶을 살기를 원한다는 의미에서 우리는 '잘(good)'이란 표현을 써가며 상대를 격려하기도 하고 본인도 스스로 그러한 생활을 지향(志向)한다.

잘하고 사는 삶의 주인공은 결국 자신이다. 주어진 삶을 살아가는 데 있어 스스로 자신을 인정할 수 있도록 지혜롭고 현명하게 자신의 삶을 이끌어가야 한다. 그러고 나서 자신을 중심으로 주변과의 조화를 통해 그때그때 상황과 환경에 맞는 생각과 행동을 해나가는 것이 '잘' 하는 것이다.

어울림의 미학은 끊임없이 조화를 이루려는 노력에서 비롯된다. 나만 잘하면 된다는 생각은 조화로운 삶을 꾸리지 못하기에 '잘한다'는 범주에 들어갈 수 없다. 먼저 나 자신이 올바른 가치관과 생활철학을 지키되, 다른 사람들과의 어울림을 통해 나 자신은 물론 상대방에게 인정받을 수 있는 삶이 '조화로운 삶'이자 '잘 사는 삶'이 된다.

PART 05

셀프리딩 4단계 :
당당하게 살아가기

33 _근심, 걱정 던져버려라

인자불우(仁者不憂), 논어에 나온 군자삼도(君子三道) 중 하나이다. "어진 사람은 근심하지 않는다."라는 뜻이다. 근심해서 해결될 수 있는 일은 4 퍼센트도 넘지 않는다고 한다.

캐나다 베스트셀러 작가인 어니 젤린스키의 『모르고 사는 즐거움』 중에 이런 말이 나온다. "걱정의 40퍼센트는 절대 현실로 일어나지 않는 일이고, 걱정의 30퍼센트는 이미 일어난 일이며, 걱정의 22퍼센트는 사소한 고민이다. 그리고 걱정의 4퍼센트는 우리 힘으로는 어쩔 도리가 없는 일에 해당된다. 나머지 걱정의 4퍼센트만이 우리가 바꿔놓을 수 있는 일에 대한 것이다." 결국 우리가 걱정하는 96퍼센트는 쓸데없는 걱정에 불과하다. 그나마 4퍼센트의 걱정도 96퍼센트의 걱정 때문에 손을 놓고 있는 게 현실이다.

알고 보면 근심거리의 대부분은 시간이 해결해주거나 자연스럽게 환경이 변해서 해결되는 일이다. 물론 한두 개 정도는 본질적으로 풀 수 없는 일이 있다. 그러한 일이라면 방법을 달리해서 해결책을 마련하거나 도저히 아니다 싶으면 빨리 포기하는 방법을 선택해야 한다.

우리가 살다 보면 이런저런 일로 근심, 걱정하면서 골머리를 앓는 경우가 허다하다. 심지어 마음의 병을 얻어 정상적인 생활이 불가능한 지경에 이르기도 한다. 급기야 그 상태까지 간다면 그 어떤 일이라도 부질 없는 일이 된다. 일단 근심, 걱정이 되는 일이 발생하면 원인을 파악해보고 적극적으로 실천하는 것이 중요하다. 하지만 대부분의 사람들은 근심해서 해결될 수 없는 일에 시간과 에너지를 낭비하고, 또 그 일에 매달려 우물쭈물하면서 근심을 키워나간다.

그로 인해 때로는 심한 스트레스를 받아 여러 가지 좋지 않은 부작용을 낳는 일이 허다하다. 스트레스로 인한 정신적인 부작용은 현대를 살아가는 사람이라면 누구에게라도 닥치는 일이며, 결코 나만이 예외일 수는 없다.

오랜 세월이 지났기에 밝힐 수 있지만, 필자는 과거에 심한 우울증을 두 번이나 겪어야 했다. 첫 번째는 1990년 중반 초임과장 때였고, 두 번째는 2010년 부장 3년 차로 타 기관에서 파견 근무를 할 때였다.

그때의 우울증 경험은 가슴 시리도록 아픈 상처였지만 그 두 번의 시련으로 스스로 많이 성숙해지고 인생의 참 의미를 깨닫게 되었다. 하지만 마음 한구석에 항상 아물지 않은 상처를 안고 살아가는 느낌이다. 돌아보면 우울증의 원인은 모두 나 자신에게서 비롯되었다. 엄밀하게 말하면 자기관리를 제대로 하지 못해 생긴 일이다. 소심한 성격 탓에 주어진 책임을 완벽하게 소화하고서 남으로부터 인정받고 싶은 욕구가 너무 컸기 때문이다.

한국전력공사에서 근무하던 1990년 중반에 필자는 경기지역의 사업소 영업과장으로 발령을 받았다. 막 과장으로 승진해 가족 전체가 서울에서 이사를 하여 처음으로 간부직원 생활을 시작하게 되었다. 그 이전까지만 해도 주로 본사에 근무하면서 기획업무만 해온 탓에 일선 사업소 영업업무는 간부시험을 보기 위해 이론적으로 공부한 것 이외에는 실무경험이 전혀 없었다.

사업소 업무는 대국민 접점 업무로 민원관련 업무가 태반이다. 그러니 간부로서 커다란 책임을 느끼는 것은 당연하였다. 비록 초임과장이지만 그 일에 있어서는 결정권자였기 때문에 해당 업무를 완전하게 파악하지 못한 것이 항상 불안한 마음을 들게 했다.

주로 신축 공장이나 상가에 전기를 공급하기 위해서 고객으로부터 전기사용신청을 접수받아 법적 허가 요건 및 여러 파급효과를 고려하여 최종적으로 공급방안을 결정하는 일을 했다. 고객 입장에서는 전기 공급방안 결정에 따라 소요되는 비용이나 사업개시 시기 등 여러 가지로 이해득실이 달려 있기에 담당자 입장에서도 극히 신경이 쓰이는 업무이다.

초임 영업과장으로 업무지식도 부족하고 관련 업무처리에 부속서류가 워낙 많기 때문에 그 당시 내가 할 수 있는 일은 경험이 많은 고참 직원의 설명을 듣고 날인할 자리에 도장을 찍는 것이 전부였다. 하루 이틀 지나고 몇 달째 그런 생활이 반복되다 보니 이것은 아니구나 하는 생각이 들었다. 마음을 고쳐먹고 다음날부터는 일과 후에 회사에 남아 관련 책과 규정집을 보면서 공부도 하고 과거 서류도 검토하면서 실무를 익혔다. 하지만 그것만으로 관리자로서 부족한 부분을 모두 메울 수 없다는 것을 실감했다.

지금 생각해보면 참으로 어리석은 짓이었다. 현실을 정확하게 직시하면서 내가 할 수 있는 영역을 정확히 설정하고 모르는 것은 인정하며 관리자의 업무 프로세스를 명확하게 지키는 지혜로운 리더십을 발휘했어야 했다.

그렇게 몇 개월이 지나고 본질은 해결된 것이 없는데 내 본분의 역할 및 책임에 대한 고민은 더해졌고, 급기야는 업무도 제대로 못 하고 관리자로서의 모습도 엉망이 되었다. 나 자신이 그렇게 초라하게 느껴진 적은 처음이었다. 그런 내 모습을 상사에게나 동료 팀원들에게 비치는 것이 두려웠다. 초임 관리자로서 제대로 폼 나게 시작하려고 했던 내 꿈은 완전히 무산되고, 스스로 초라한 모습에 서서히 마음의 병이 들기 시작했다.

그때는 몰랐다. 우울증이라는 것이 무엇인지, 증상이 어떻게 되는지, 그 결과가 얼마나 비참하게 전개되는 것인지, 전혀 몰랐다. 안 되겠다 싶어 전문의를 찾아갔다. 결과는 상당히 심한 중증 우울증이었다. 내가 가진 모든 능력이 소진되어버린 느낌이었다. 의사의 말에 의하면 아무런 의욕이 없는 멍한 상태가 우울증 증상이라고 했다.

초급간부로서 첫 보직 발령을 받아 느낀 설렘이 채 가시기도 전에 그렇게 되었다. 새로운 지역에 적응하기도 벅찬 어린 아이들과 아내의 일상생활을 포함한 가정의 모든 일들마저 엉망이 되었다. 그동안 쉬쉬하면서 힘과 용기를 내라고 달래주면서 가슴앓이를 했던 아내까지 더 이상은 회사에 쉬쉬하면서 병을 키워서는 곤란하다는 판단을 했다.

그동안은 근근이 병원에서 처방받은 수면유도제에 의지하며 지냈는데 결국 병원 신세를 지게 되었다. 얼마간의 병원치료와 회복 기간을 거치고 나서 회사에 복귀하였고 회사의 배려를 받아 다른 보직을 부여받고 다시 근무를 시작하게 되었다. 인생의 첫 번째 홍역을 치른 쓰라린 경험이었다. 욕심과 의욕만 앞서서 자기통제와 자기규제를 하지 못한 결과였다. 지금도 간혹 그때의 일이 떠오르면 소스라치게 놀라곤 한다.

두 번째 겪은 우울증은 부장으로 승진한 지 3년이 되던 해, 정부기관에 파견이 되었을 때였다. 그때 맡았던 업무는 새로운 국가 정책업무에 대한 프로젝트를 추진할 기획업무였다. 그러나 그와 관련하여 지식과 경험은 턱없이 부족했고 파견 근무지의 업무환경은 너무나 열악했다.

그래도 맡은바 소임은 다하려고 밤낮없이 매달렸지만 성과가 없었다. 더구나 정부 관계자들은 하루가 멀다 하고 업무 진행상황 보고를 요청했지만 딱히 보고할 내용도 없었다.

정말 그때를 생각하면 지금도 가슴이 타들어가는 것 같다. 당초 기대와 현실은 너무 괴리가 커 스스로의 실망감이 날이 갈수록 더해져 급기야는 하루를 버티기도 힘들 정도로 탈진해버렸다. 이런 상태로는 일을 더 이상은 지속할 수 없었기에 자진하여 장기휴가를 신청해서 한동안 심리치료를 받게 되었다.

두 번에 걸쳐 찾아온 우울증의 원인은 필자의 성격 탓도 있지만 본질적인 문제는 일에 대한 욕심만 클 뿐 자기통제와 자기규율이 전혀 이루어지지 않았기 때문이었다. 과거 쓰리고 아픈 경험이지만 이제는 그때의 일을 심한 독감에 걸려 혼쭐이 난 것처럼 심리적으로 찾아온 인생의 홍역이라고 생각하기로 했다.

"비온 뒤에 땅이 굳어진다."는 속담처럼 그때 시련이 있었기에 지금 이 책을 쓰고 있는지 모른다. 내 자신을 어떻게 규제하고 통제해야 하는지를 깊게 성찰해보고 공부한 시간이었기에 그 경험을 들려줄 수가 있게 되었다.

만약 당신도 그러한 일을 겪고 있거나 증상이 보일 때는 과감히 근심과 걱정 모두 훌훌 털어버리고 하던 일을 잠시 멈출 필요가 있다. 그리고 새로운 도전을 시도해보는 것이 중요하다.

지금 걱정되고 근심되는 일이 전부인 것처럼 보이지만 시간이 흐르면 모든 것이 변하기 마련이다. 다윗왕의 반지에 새겨진 '이 또한 지나가리라'라는 문구를 생각하고 행동하는 것도 하나의 방법일 수 있다.

34 _멈춤을 시작으로 전환하라

　수많은 실패를 경험하고 불굴의 의지로 기업을 세워 크게 성공한 천호식품 김영식 회장의 저서인 『10미터만 더 뛰어봐』에 이런 글귀가 있다. "인간은 말의 지배를 받는 동물이다. 성공하는 사람은 말부터 다르다. 그들의 말은 확신에 차 있고, 긍정과 낙관으로 가득하다. 성공했기에 말이 달라진 것이 아니다. 말이 다르기 때문에 성공한 것이다. 성공할 기미가 없는 사람들을 보라. 말에 자신감이 없고 부정과 비판으로 가득차 있다. 그리고 그들은 늘 남을 탓하고 남을 비난만 한다."

　그는 한때 사업을 하다 완전히 실패한 후에 무일푼이 되어 가난에 몸서리친 경험을 가진 사람이었다. 사업을 재기하면서 그는 직접 전단지를 제작하여 거리에 나가 전단지를 나눠주고 가가호호 방문하여 본인이 만든 제품을 홍보하고 판매하면서 사업을 일궈내었다. 그 결과 그는 그가 이끄는 회사를 대한민국에서 내로라하는 건강보조 식품회사로 우뚝 서게 만들었다.

　얼마 전까지만 해도 그는 각종 단체 및 방송에서 '기업가 정신'을 설파하며 왕성한 활동을 하여 국내에서 초대하고 싶은 명강사 명단에 그의 이름을 올렸다.

　그가 강조하고 싶은 이야기의 핵심은 무슨 일을 하든지 본인이 하는 일에 확신과 믿음이 있어야 하며 그 일에 절실하게 매달려야 한다는 것이다. 또한 하겠다고 결정한 일은 인내와 끈기를 갖고 불굴의 의지로 밀어붙이는 추진력이 필요하다는 것이다. 거기에 남들이 갔던 길보다 10미터만 더 가보라는 뜻이다.

성공하려면 남들과 차별화가 필요한데, 제품을 만들어도 다른 제품에서는 찾아볼 수 없는 효용 가치가 있는 한 가지를 더 추가하거나 서비스를 제공하더라도 고객의 만족에 그치지 말고 그야말로 고객의 마음을 감동하게 만드는 정성을 넣어 고객서비스를 해야 한다는 것이다.

김영식 회장이 말하기를 "성공한 사람들의 특징을 보면 강한 긍정의 힘이 내포되어 있다."고 한다. 그래서 이 책에서 그는 특정한 일을 추진하거나 사업을 시작하려고 할 때 약한 마음이 들거나 포기하고 싶은 심정이 들 때는 주변에 있는 성공한 사람들을 만나 그들의 강인한 정신과 기(氣)를 받을 필요가 있다는 팁(tip)도 제시하였다.

인제대학교 정신건강의학과 우종민 교수의 『뒤집는 힘』이란 책에 나온 말이다. "뇌는 현실과 언어를 구별하는 능력이 없기 때문에 입으로 '짜증 나'를 반복하면 그 소리가 귀를 통해 뇌로 전달되고, 뇌는 '짜증이 나 있는 것인데 왜 멀쩡한 척하느냐'면서 온몸에 불쾌한 스트레스 호르몬을 쫙 뿌린다. 말버릇은 그야말로 버릇으로 출발하지만 버릇이 거듭되면 마음과 몸은 그것에 반응한다."라고 했다.

그는 스트레스를 벗어나는 가장 효과적인 방법은 모든 상황을 긍정적으로 보고 생각하는 것이라고 한다. 그리고 그냥 지나치는 말이라도 부정적인 말은 절대 삼가해야 된다고 말한다.

일반적으로 부정적 감정은 긍정적 감정보다 15배 빠른 속도로 확산된다고 한다. 그래서 무슨 일이든 부정적 요소가 긍정적 요소보다 몇 배 더 많이 분출된다고 한다. 이러한 점을 감안해서라도 의식적으로라도 긍정적인 마음을 갖기 위해 평소에 훈련이 필요하며 부정적인 생각보다는 긍정적인 생각을 하는 사고의 전환이 필요하다.

모든 병의 원인은 스트레스가 되고 그 원인은 분노의 감정이 가장 크다고 한다. 보통 분노의 감정이 지속되는 시간은 15초에 불과하다. 그러나 문제는 그 분노의 감정을 곱씹기 때문에 연속해서 분노가 마음속에 자리 잡고 있어 스트레스를 유발된다.

해결방법은 순간 떠오르는 분노를 더 이상 곱씹지 않게 다른 생각으로 전환시켜야 된다. 즉 분노를 유발한 원인 자체를 긍정의 입장으로 재해석하여 순간 일어난 분노의 감정을 의식적으로 방향을 돌려 버려야 한다.

'코기토 에르고 숨(Cogito ergo sum).' "나는 생각한다. 고로 존재한다."라는 의미의 라틴어로 근대 철학의 아버지로 불리는 데카르트가 한 말이다. 인간은 생각을 통해 모든 것을 지배한다. 마찬가지로 당신의 생각은 당신이 지배한다. 따라서 생각을 바꾸면 인생이 바뀐다. 내 머릿속은 어떤 생각들이 차지하고 있는가? 그 생각을 지배하고 있는 나의 의식 상태는 어떠한가? 이러한 물음들이 인생을 좌우한다.

"인간은 간사한 동물이다."라고 하지 않는가? 그만큼 생각이나 의지가 끊임없이 흔들리며 살아간다는 의미다. 물론 간사하다는 것은 자신이 가지고 있는 생각의 구성요소인 여러 대안 중에서 최선의 대안을 선택하려는 몸부림이 그렇게 보일 뿐이지 결코 주체성이 없다는 의미만은 아니다.

'생각하는 방법'이 참으로 중요하다. 들여다보면 각자의 사고체계가 분명히 존재하겠지만, 100명이면 100명 모두 다른 사고방식을 갖고 있다. 생각의 깊이, 생각하는 시간, 생각을 정리하는 방법, 생각을 실천으로 옮기는 정도 등 사고체계는 하루아침에 결정될 수는 없다.

그야말로 본인 마음속에 있는 모든 지식, 신념, 가치관, 삶의 목적이나 비전, 환경 등 수많은 변수가 종합적으로 조합을 이뤄 어떤 사안에 대해 '생각'이란 마음속의 메시지를 만들어 낸다.

한편, 그런 모든 사고체계가 행위로 나타나는 것이 바로 '셀프리더십'의 역량이다. 그래서 셀프리더십은 한마디로 정의 내리기가 쉽지 않다. 어찌 보면 '셀프리더십'은 그 사람이 지금까지 살아오면서 배우고 경험한 모든 것이 마음속에 체화(體化)되어 행동으로 나타나는 것이다. 결국 그것은 누구에게나 '인생의 나침판'이 되어 각자 삶의 항로에 조타수 역할을 하게 된다.

따라서 '셀프리더십'은 선천적인 요소와 후천적인 요소가 결합되어 각자에게는 '소양'이라는 이름으로 그 사람의 '인격브랜드'가 된다. 즉 선천적 요소인 각자의 성격이나 개성 등은 변화되기 어려운 타고난 고유의 기질인 것이다. 단, 후천적인 요소가 있기 때문에 끊임없이 배우고 생각하고 좋은 습관을 가지려는 노력이 반드시 필요하다.

사회의 법규나 관습에 따라 올바른 행동을 요구받으면서 자신의 행동 가치를 정립하듯, 기업은 종업원들에게 각종 규정이나 제도적 장치에 의해서 각 기업에서 필요한 역량 모델링이 되도록 요구한다. 이 모든 역량의 기초가 '셀프리더십'이라는 행위로 정의될 수 있다.

'NO'를 거꾸로 하면 전진을 의미하는 'ON'이 된다. 불행이 행복이 되고, 불가능이 가능으로 변하고, 두려움이 설렘이 되게 할 수 있다. 방법은 내 마음속에 있는 사고의 체계를 소극적인 태도에서 적극적인 태도로 바꾸면 되는 것이다.

'멈춤'이 '시작'으로 변하게 하는 것은 시간이 많이 요구되거나 노력이 많이 요구되는 것은 아니다. 단지 각자 마음속의 생각만 바꾸면 기적이 일어나는 것이다. 내 삶속에서 혁신이 이뤄지고 기적이 일어나게 만드는 것은 당신의 지식이나 경험이 아닌 오직 당신의 용기이다. 변화를 두려워하지 않는 용기만 있으면 된다. 부디 변화의 설렘을 느낄 수 있는 용기를 내어보기 바란다.

35 _공감과 배려로 소통하라

수신(修身)의 가장 근본은 '공감과 배려'이다. 공자의 말씀에 "기소불욕 물시어인(己所不慾 勿施於人)이고, 기욕입이입인 기욕달이달인(己慾入而立人 己慾達而達人)"이라고 하였다. 즉 "네가 하고 싶지 않은 일을 남에게 억지로 시키지 말며, 더 나아가 자신이 나서고 싶을 때는 남이 나서도록 도와주고 자신이 뜻을 펴고 싶을 때는 남이 뜻을 펼치도록 도와주어라."라는 뜻이다.

자기가 싫어하는 일에는 보통 두 가지 유형이 있다. 하나는 어려운 일이고, 하나는 재미없는 일이다. 그래서 보통 자기가 싫어하는 일은 남을 시키거나, 모르는 척 침묵으로 일관하기 마련이다. 환경에 따라서는 두 가지 형태를 적절하게 섞어가며 반응한다. 보통은 윗사람이면 아랫사람에게 지시할 것이며, 아랫사람은 침묵할 것이다.

공자 말씀은 싫고 귀찮은 일이 눈 앞에 닥쳤을 때는 남에게 미루지 말고 내가 먼저 행해야 한다는 것이다.

소통은 상대방을 존중하는 것으로부터 시작된다. 소통이란 '뜻이 서로 통하여 오해가 없음'을 의미한다. 단순히 상대방과 교류하고 대화를 나눈다고 소통이 되는 것은 아니다. 어느 일방은 소통이 이루어졌다고 생각할 수 있지만 상대방에게는 전혀 다르게 전달될 수 있기 때문이다.

진정한 소통은 상대방을 먼저 배려하고 진정성 있는 마음이 상대에게 전달되었을 때 가능하다. 그렇지 않을 때는 쌍방 간에 오해가 생기기 마련이다. 진정한 소통은 남을 움직이려는 것이 아니라 상대를 진심으로 이해하는 것이다. 상대방과 나의 차이를 인정하고 진정으로 상대와 소통을 하려는 자세가 '경청'이다. 우선 상대방의 의견에 공감하고 지지하며 이해하려고 노력할 때 상대는 비로소 마음을 연다.

열린 소통을 위해서는 말하는 것 또한 중요하다. 소통을 하는 데 있어 경청만을 하고 있다는 것은 다른 누군가는 쉬지 않고 말을 하고 있다는 것이다. 결국 소통을 하는 데 있어서는 경청의 자세도 중요하지만 자신의 생각을 정확하게 전달할 수 있어야 한다.

직장에서의 소통, 가정에서의 소통, 디지털 미디어 사회에서의 소통 등등 마치 현대사회에서 더 이상 삭막해져서는 안 된다는 것을 방증(傍證)하듯 소통이라는 단어는 전 사회에 걸쳐 중요한 키워드가 되고 있다.

인간은 혼자서는 살아갈 수 없는 존재이기 때문에 어떤 방식으로라도 소통은 필요하다. 21세기 정보화 사회에서 소통의 방식은 급격하게 변화하고 있다. 페이스북, 트위터, 밴드, 인스타그램 등의 SNS(Social Network Services)가 일상생활을 지배하면서 떠오른 단어가 바로 소통부재, 소외, 박탈감 등이다. 정보를 주고받고, 서로 간에 자기들의 이야기를 수없이 주고받고 해도 마음으로 전달되는 느낌이 없으면 진정한 소통이 이루어졌다고 볼 수 없기 때문이다.

세계적인 토크쇼 진행자 오프라 윈프리의 인기비결은 그녀가 자신의 뼈아픈 과거까지도 진솔하게 고백하며 게스트와 패널, 나아가 시청자와 공감대를 형성하면서 소통하는 데 있다. 소통의 아이콘인 방송인 김제동 씨, 김창욱 교수, 김미경 강사 또는 국민멘토인 법륜스님과 혜민스님의 공통점은 청중들과의 공감 능력이 뛰어나다는 것이다. 어느 누구나 그들의 이야기를 듣고 고개를 끄덕인다.

또한 그들의 공통점은 자신의 주변 이야기를 거리낌없이 진솔하게 내보인다는 점이다. 소통이 잘 되기 위한 방법 중에 하나는 본인의 단점이나 아픈 상처를 상대에게 보여주면서 상대의 마음도 편하게 내보일 수 있도록 스스로 자신의 빗장을 먼저 여는 것이다.

'국민MC'로 통하는 유재석 씨의 인기비결은 바로 뛰어난 소통 능력이다. 그가 제시한 소통기술의 아홉까지 모두는 자신을 다스리고 상대방을 배려하는 태도이다.

하나, 앞에서 할 수 없는 말이라면 뒤에서도 하지 마라.

둘, 말을 독점하면 적이 많아진다.

셋, 목소리 톤이 높아질수록 뜻은 왜곡이 된다.

넷, 귀를 훔치지 말고 가슴을 흔드는 말을 해라!

다섯, 내가 하고 싶은 말보다 상대가 듣고 싶은 말을 해라!

여섯, 뻔한 이야기보다 펀(fun)한 이야기를 해라!

일곱, 혀로만 하지 말고 눈과 표정으로 말하라!

여덟, 입술의 30초가 마음의 30년이 된다.

아홉, 혀를 다스리는 것은 나지만, 내뱉어진 말은 나를 다스린다.

이러한 소통의 핵심을 유재석 씨가 직접 만든 이야기라면 그는 이미 소통에 관한 모든 것을 통달하고 있다고 말할 수 있다. 특히, '상대가 듣고 싶은 말을 해라'라는 표현은 핵심 중의 핵심이다. 모두들 소통을 한다고 하면서 본인들의 이야기만 늘어놓는 경우가 허다하다. 소통은 공감과 배려이다. 상대에게 귀 기울이는 자세가 소통의 첫 단추임을 명심해야 한다.

소통 그 자체로는 힘을 발휘하지 못한다. 그것이 사람과 사람을 이어주는 덕목이 되기 위해서는 상대에 대한 '공감과 배려'가 전제되어야 한다. 그렇지 않은 소통은 협상의 기술에 지나지 않는다. 협상이 아닌 진정한 소통은 기본적으로 상대가 마음을 열 때 이루어진다. 그 마음은 상대가 자기 말을 들어주고 배려해준다는 느낌이 들 때 비로소 열린다. 이것이 진정한 소통을 위한 전제조건이 되는 이유다.

소통은 행복을 낳는다. 우리 몸도 원활하게 기가 흐르고 피가 순환될 때 편안함을 느끼듯, 인간관계에서도 서로의 마음을 나누고 막힘없이 관계를 이어갈 때 행복을 느낀다. 동서고금을 막론하고 행복을 삶의 목표로 정의하는 데는 이견이 없을 것이다. 하지만 유감스럽게도 우리 현실은 민망할 정도다. 우리나라는 경제력 규모로 보면 세계 10위 권 내외의 선진국들 대열에 이미 포함되어 있지만 행복지수나 삶의 만족도는 OECD 35개 회원국 중 최하위권에 머물러 있다.

이런 사실은 경제력만으로 결코 행복을 충족시킬 수 없음을 시사한다. 개인이나 국가나 행복은 마음의 풍요로움에서 비롯되기 때문이다. 달리 말하자면 행복이란 '공감과 배려'를 통한 소통이 활발하게 일어나고 어느 곳에서나 '내가 먼저'라는 의식이 싹틀 때 가능한 것이라고 생각한다.

머리로는 인식하고 가슴으로는 충분히 받아들이는데 행동이 따르지 않는 것이 문제다. 어느 누구나 마찬가지이다. 오늘은 한 번, 내일은 두 번, 이렇게라도 행동과 실천이 중요하니 우선 가장 중요한 독자 여러분의 가족에게 실천해보기를 꼭 권한다.

36 _현재의 삶을 기적이라고 믿어라

머피의 법칙으로 유명한 조셉 머피 박사는 "하루 한 번 자신이 받은 모든 은혜에 감사하라. 그러면 은혜가 끊이지 않는다."라고 감사의 필요성을 역설하면서 행복의 원천을 감사에 두고 있다.

미국의 어느 학자의 연구결과를 보면 16년간을 지켜본 결과 감사를 습관화한 학생의 연평균 수입이 그렇지 않은 학생보다 2만 5천 달러가 더 많은 것으로 밝혀졌다고 한다. 그뿐 아니라 감사를 습관화한 사람의 평균 수명이 그렇지 않은 사람보다 9년이나 더 길었다고 한다.

매사에 긍정적인 사고와 감사하는 마음으로 생활하게 되면 향후에 닥칠 일들이 그러한 방향으로 전개되어 간다. 사실 생각해보면 우리들의 일상이 감사할 뿐인 것들이 대부분인데 그것을 너무나 당연하게 여기고 지나친 경우가 많다.

정신과의사이자 뇌 과학자인 이시형 박사는 『둔하게 삽시다』라는 책에서 "인간의 가장 큰 약점 중 하나는 너무 쉽게 당연 심리에 빠진다는 것이다. 보이는 게 당연하고, 걷는 게 당연하고, 배불리 먹을 수 있는 게 당연하다. 이런 것들을 모두 당연한 것처럼 생각한다면 우리 마음속에 감사의 마음이 일어날 리가 없다. 당연 심리는 인간성을 말살시키고 영혼을 병들게 한다."라고 했다.

얼마 전 방송에 나온 의학전문가 말에 의하면 수천억에 이르는 세포가 문제없이 정상 작동되어야만 저녁에 감았던 눈을 뜨고 건강한 아침을 맞이할 수 있다고 한다. 우리가 너무나도 당연하게 생각하는 자고 일어나는 이 일은 알고보면 당연한 것이 아니라 기적에 가까운 일인 것이다. 그동안 당연하게 생각했던 것에 감사하는 마음을 갖기 시작하는 것, 그것이야말로 불행에 빠지지 않고 행복으로 가는 길을 열어가는 비법이다.

한때 미국의 국민시인이라고 불렸던 에드거 게스트는 '할 수 없다'라는 말은 글로 쓰건 말로 하건 세상에서 가장 나쁜 말이라고 하였다. 그 말은 욕설이나 거짓말보다 더 많은 해를 끼친다고 했다. 반대로 '할 수 있다'라고 외칠 때 자신감이 생기고 놀라운 힘이 발휘된다. 긍정과 성취의 단어를 많이 쓰면 실제로 그렇게 이루어진다. '할 수 없다', '실패 했어'라고 말하기보다 '할 수 있다', '해 냈어'라고 말하는 비중을 높이면 그것만으로도 그만큼 성취 가능성이 높아진다.

에드거 게스트는 1881년 영국 버밍햄에서 태어나, 1959년 미국 미시간 주 디트로이트에서 삶을 마감한 20세기 중반까지 미국에서 가장 인기를 누렸던 시인으로 모든 이들에게 지혜와 용기를 주고 긍정적인 삶을 노래한 국민시인이었다. 그의 시 〈포기하면 안 되지 (Don't Quit)〉를 읊조리다 보면 때로는 마음의 위안을 얻는다.

이따금 일이 풀리지 않을 때
험한 비탈을 힘들게 올라갈 때

주머니는 텅 비었는데 갚을 곳은 많을 때

웃고 싶지만 한숨지어야 할 때

주변 관심이 되레 부담스러울 때

필요하다면 쉬어가야지, 하지만 포기는 안 되지!

인생은 우여곡절 굴곡도 많은 법

사람이라면 누구나 깨닫는 것이지만

수많은 실패도 나중에 보면

계속 노력했더라면 이루었을 일

포기하지 마라, 느리더라도 나아가라

한 번 더 힘을 내면 성공할지 뉘 알까?

성공과 실패와는 백지장 차이

의심의 구름 가장 자리에 빛나는 햇살

목표가 얼마나 가까워졌는지 아무도 모르는 일

생각보다 훨씬 가까울지도 모르지

그러나 얻어맞더라도 싸움은 계속해야지

일이 안 풀리는 최악의 시기야말로 포기하면 안 되는 때

모든 것은 마음먹기에 달려있다. 목숨처럼 소중했던 존재도 시간이 지나면 잊히기 마련이고 그렇게 힘들게 나를 괴롭혔던 일들도 시간이 지나면 사소한 일들로 변해버린다. "이 세상에 영원한 것은 없다."라고

한다. 사람이 살아가는 데 절대적 가치를 지니고 변해서 안 되는 것이 뭐가 있을까?

한때 승진을 꿈꾸던 직장인이라면 누구나 공감할 것이다. 승진에 목을 매게 되면 본인의 생활은 자연스럽게 뒤로 하게 된다. 또한 자신의 감정으로 이끄는 삶보다 남의 감정에 더 집중하면서 생활하게 된다. 그러나 결국 승진에서 낙오되었을 때 그 당시는 아무것도 보이지 않는다. 절망의 나락으로 떨어지는 느낌을 받게 된다. 누구의 위로도 받고 싶지도 않고 그만두고 싶은 심정일 뿐이다.

그러나 그것도 잠시, 시간이 흐르면 다시 정상의 상태로 돌아오기 마련이다. 승진만이 나를 존재하게 하는 힘이고 나를 지켜주는 유일한 길이라고 믿었건만, 그 생각을 바꾸어 보면 그것만이 내가 갈 길이라고 생각했던 것이 도리어 우습게 보인다.

마음을 고쳐먹으면 다르게 추구할 가치가 얼마든지 있다는 것을 새삼 발견하게 된다. 승진보다도 나 자신의 발전을 도모하면서도 회사의 발전을 기할 수 있는 일들이 숱하게 있는데 대부분이 정해진 길을 가다가 보면 착각의 오류에 빠지는 것이다. 차분하게 나를 돌아보면서 진정한 삶의 방향을 모색하는 자세가 얼마나 가치 있는 일인지를 필자도 이런 저런 실패를 통해 알게 되었다.

인간은 그가 품은 생각에 의해 행동하고 인격이 형성되고 삶의 방향이 결정된다. 인본주의 심리학자 사무엘 스마일스는 "생각은 행동을 낳고 행동은 습관을 만들고 습관이 쌓이면 성품이 되고 성품은 그 사람의 명운을 결정한다."라고 했다.

끊임없이 일어나는 생각들이 나의 운명을 결정한다. 그 생각들은 과거부터 현재까지 내안의 사고체계에서 생성되는 것들이다. 결국, 올바른 사고체계는 내 인생의 방향을 잡아주고 안내해주는 내 '삶의 내비게이션'이 된다. 그리고 새로운 길이 생기면 내비게이션도 업데이트가 필요하듯, '삶의 내비게이션'도 인생의 매듭이 필요할 때는 반드시 업데이트가 필요하다는 것을 새겨두길 바란다.

37 _긍정의 힘, 축복된 삶을 가꿔라

성공과 실패도 각자 마음속에 있다. 만일 당신이 실패할 것이라 생각하면 당신은 그렇게 된다. 만일 당신이 도전하지 못할 것이라고 생각한다면 당신은 못한다. 만일 당신이 스스로 뛰어나다고 생각한다면 당신은 분명히 뛰어나게 된다.

줄곧 생각하고 내 삶을 돌아봐도 그러거니와 세상살이에 조예가 깊다 하는 사람들의 의견도 마찬가지이다. 성공한 사람도 그 사람의 의지에서 비롯된 것이며, 세상사 모두가 각자의 마음 자세와 생각 그리고 태도에 달려 있음은 두말할 여지가 없다.

마음의 밭에 '긍정'을 심으면 긍정적인 결과가 나오고 '부정'을 심으면 부정적인 결과를 낳는다. 생각 속에 성공을 넣으면(Success In), 성공의 결과가 나온다(Success Out). 이를 시소(SISO)라고 부른다.

긍정적인 사람들은 '나는 할 수 있어! 잘 해낼 거야!'라고 생각한다. 그런 자신감은 에너지를 샘솟게 하고 안 될 일도 되게 한다. 그들은 항상 가능성을 보고 더 노력하기 때문에 부정적인 사람보다 앞서갈 수밖에 없다. 긍정적인 사람은 인생이라는 경주를 시작할 때부터 100미터 정도 앞서서 달리는 보너스를 미리 받는 셈이다.

미국의 전 대통령 프랭클린 루스벨트는 거상의 집안에서 태어나 18세에 하버드 대학교에 입학했고 졸업 후 뉴욕시 상원의원에 당선되어 인생의 탄탄대로를 걷게 되었다. 그가 39세 되던 해 가족과 함께 캄포벨로 섬으로 휴가를 떠났을 때 일이다. 그는 그곳에서 차가운 바다에 뛰어들어 수영을 즐기다가 그만 사고를 당해 척추성 소아마비 판정을 받았다. 다시는 걷지 못할 것이라는 의사의 진단은 그에게 청천벽력이 아닐 수 없었다.

그 일로 그는 자살을 생각할 정도로 상실감이 커 한동안 자포자기하는 심정으로 하루하루 집안에 틀어박혀 생활하고 있었다. 그러던 중 어느 날 방안에서 날개도 없는 거미가 공중에 매달려 거미줄을 치는 광경을 보는 순간 큰 깨달음을 얻게 되었다. 두 발로 걸을 수 없다고 해서 아무것도 못 하는 것은 아니지 않겠는가?

그날로부터 그는 재활의 의지를 불태워 다시 정계에 복귀하여 당당히 뉴욕주지사에 당선되었고, 훗날 대통령 선거에 출마하여 미국 역사상 첫 번째로 장애인 대통령이 되었다. 미국 국민 중에는 루스벨트가 불편한 몸으로 대통령직을 과연 잘해나갈 수 있을까를 우려하는 사람들도 많았다. 그러나 그는 확고한 의지를 표명하며 시종일관 낙관적인 태도와 불굴의 의지로 국민들에게 믿음을 심어주었다.

그는 그 믿음을 바탕으로 당시 경제공황으로 고통과 절망에 빠져 있던 국민들을 위한 '뉴딜정책'을 펼쳐 이내 미국을 위기의 늪에서 벗어나게 하는 대통령이 되었다. 루스벨트가 미국 국민들의 마음속에 영원히 남을 수 있었던 것은 다름 아닌 자신의 감정을 다스리는 힘과 적극적이고 긍정적인 마인드 덕분이다.

보통 인간의 심리는 긍정적이기보다는 부정적인 면에 친해지기 쉽다. 마음을 드러내지 않으려는 심리가 작용하여 그렇기도 하지만 부정적 심리 뒤에 숨어 안정을 취하려는 심리가 작용하기 때문이다. 그래서 보통은 '내가 할 수 있을까?' 혹은 '나는 그 일에 자신이 없다'는 말을 먼저 하는 경우가 많다.

물론 본심을 숨기는 경우도 많지만 그런 경우마저 우리 뇌는 그 일을 추진함에 있어 이미 역량을 충분하게 발휘할 수 없도록 작용한다는 것이다. 궁극적으로는 긍정심리 활성화를 위해서는 평소에 부단한 훈련과 연습이 필요하다.

우리가 언어를 구사할 때는 좌뇌를 통해 표출된다. 그래서 말하는 습관도 항상 긍정적인 표현, 즉 '난 할 수 있다' 혹은 '가능한 일이다'라고 말하는 것을 습관화하여 긍정 표현이 생활어가 될 수 있도록 반복 연습을 해야 한다.

2016년 브라질 올림픽 때 국민들에게 감동을 선사한 한마디는 "할 수 있다, 할 수 있다, 난 할 수 있다."였다. 남자 펜싱 에페 박상영 선수는 헝가리 선수와의 결승전에서 9:13으로 패색이 짙었다. 마지막 라운드가 시작되기 전 박상영 선수가 혼자서 중얼거리는 모습이 카메라에 잡혔다. 그때 그가 한 말이 바로 '난 할 수 있다'였다.

그 주문은 현실이 되었다. 도저히 뒤집을 수 없을 것만 같았던 점수가 15:14로 역전되었고 박상영 선수는 금메달을 목에 걸었다. 그가 외친 긍정 주문은 불가능을 가능케 하였고 온 국민은 그의 말에 의해서 다시 한 번 강한 용기를 갖게 되었다. 이는 '긍정에너지의 힘'을 가감 없이 보여준 사례였다.

우리의 마음은 밭이다. 그 안에는 기쁨, 사랑, 즐거움, 희망과 같은 긍정의 씨앗이 있는가 하면 미움, 절망, 시기, 두려움 등과 같은 부정의 씨앗도 있다. 어떤 씨앗에 물을 주어 꽃을 피울지는 자신의 생각과 의지에 달려 있다.

"믿는 것만 보인다."라고 했다. 우리는 자신이 보는 것을 믿는 것이 아니라 믿는 것을 보게 된다. 인간의 특성은 사물을 판단할 때 선별적으로 받아들이고 주관적인 태도로 판단하고 해석한다. 그래서 어떤 일을 하더라도 믿는 만큼 성공한다. 결국 생각이 우리의 태도와 행동을 결정하고 그것이 다시 성공과 실패를 판가름한다.

긍정심리학의 창시자라고 불리는 펜실베이니아 대학교의 마틴 셀리그만 교수는 다음과 같이 주장한다. "사람들의 대응방식은 생각과 감정, 그리고 그에 따른 행동에 의해 전적으로 결정된다. 좋든 싫든 상관없이 감정의 95퍼센트는 어떤 일이 벌어졌을 때 이를 어떻게 받아들이는지에 따라 달라진다."

우리 사회의 변화 속도는 시간이 흐를수록 빨라지고 있다. 변화에 대응하기도 무섭게 또 다른 변화가 기다리고 있는 것이 현실이다. 그러나 변화는 사람의 마음에 상당한 심리적 영향을 준다. 변화를 두려워하는 사람에게는 위협이 되지만, 변화를 대비하여 준비하고 있는 자에게 변화는 곧 기회이자 영감이다. 성공의 징검다리인 도전적 과제가 있기 때문이다.

모든 사안을 긍정의 시각으로 바라볼 때 그 일의 실마리를 찾을 수 있다. 모두가 그렇다고 인정은 하지만 생각만큼 쉽지는 않다. 그러나 이제부터라도 삶의 변화가 필요하다고 생각한다면 당신도 주문을 외워보기 바란다.

"난 할 수 있다. 할 수 있다."
"지금까지도 잘해왔지만 앞으로도 더욱 잘할 수 있다."

강한 긍정에너지의 힘은 놀라운 결과를 가져온다고 확신하기 바란다. 조엘 오스틴 목사는 자신의 저서 『긍정의 힘』에서 "긍정의 힘은 삶의 한계를 뛰어넘어 축복된 삶으로 이어진다."라고 했다. 당신의 삶은 당신의 의지에 달려 있음을 꼭 기억하고 명심하기 바란다.

38 _운명도 내 탓으로 삼아라

언론매체를 통해 전해지는 수많은 사건들의 결론을 보면 대부분은 상대가 잘못해서 일어난 것이라며 모든 책임을 상대의 탓으로 돌려 버리고 자기의 책임을 피해 나가려고 한다. 사건은 한 가지인데 가해자와 피해자의 말이 전혀 다르고 서로 간의 책임만을 떠넘기기에 급급하다.

직장이나 일반단체에서도 마찬가지이다. 아랫사람은 윗사람을 끌어내리려 하고, 윗사람은 아랫사람을 깔보려고 한다. 방관자는 당사자에게 모든 책임을 지라고 요구하고, 당사자는 모른다, 기억이 나질 않는다는 식으로 그때그때 말 돌리기만 한다.

지금 우리는 모든 책임이 내게 있는 것이 아니라 남에게 있다는 의식이 팽배하며 좀처럼 책임지지 않으려 하는 사회분위기 속에 살고 있지 않나 생각해본다.

불원천불우인(不怨天不尤人), 성숙한 사람은 남에게 책임을 묻지 않는다. 군자와 선비는 자신에게 책임을 묻는 사람이다. 불원천(不怨天), 하늘을 원망하지 마라. 불우인(不尤人), 남을 탓하지 마라. 선비들이 인생을 살다가 어렵고 힘든 상황에 처할 때마다 외쳤던 인생의 화두였다.

중용(中庸)에 나오는 '내 탓이오'라고 하는 기본 생활 철학은 남 탓으로 자신의 잘못을 가리려는 오늘날의 세태에 경종을 울린다.

"재상위불릉하(在上位不陵下)! 윗자리에 있는 사람들이여, 아랫사람을 함부로 능멸하지 마라. 재하위불원상(在下位不援上)! 아랫자리에 있는 사람들이여, 함부로 윗사람을 끌어내리려 하지 마라. 정기이불구어인즉무원(正己而不求於人則無怨)! 나를 먼저 바르게 하고 남을 탓하지 마라. 그러면 누구에게도 원망을 사지 않을 것이다. 상불원천(上不怨天)! 위로는 하늘을 원망하지 말고, 하불우인(下不尤人)! 아래로는 남을 허물하지 마라."

중용에 나오는 명 구절이다. 모두가 나 자신을 바르게 하고 남의 탓을 삼가라는 뜻이다. 공과(功過)를 서로 나누려는 우리 선조들의 아름다운 모습은 날이 갈수록 사라지고 있다. 좋은 결과에는 모두가 내가 했노라고 자신을 치켜세운다.

반대의 결과에는 자신하고는 상관없는 일이었다고 하며 그 일과 결부되기를 굉장히 싫어한다. 세상의 이치가 그렇다 해도 눈에 뻔히 보이는 것마저도 이전투구(泥田鬪狗)의 모습이 심화되는 세태이다. 세상을 살다 보면 힘들고 어려운 일이 닥치기 마련이다. 그럴 때마다 조상을 탓하고, 하늘을 원망하고, 주변 사람을 허물하면 결국 그 역경과 고통은 나를 더 힘들게 할 뿐이다.

'운명도 내 탓이다'라는 말이 있다. 운명이란 정해져 있다느니, 운명에 대항한다느니 하는 생각에 사로잡히기보다는 그저 현실을 똑바로 직시하고 묵묵히 자기의 길을 걸어가야 한다. 운명(運命)이란 글자 그대로 내게 다가온 상황(命)을 내가 통제(運)하는 것이다. 남을 탓하거나 원망한다고 그 운명이 바뀌는 것은 아니다. 다가온 운명에 최선을 다하며 묵묵히 견뎌 나갈 때 진정 운명은 내 손아귀에 놓이게 되는 것이다.

운명을 이해하고 내 탓으로 받아들일 때 진정 자득(自得)한 선비의 모습이 깃든다. 자신을 냉철하게 바라보고 자신을 평가하는 모습은 나에게 주어진 운명을 순수하게 받아들이는 자세이자 성숙한 모습이다.

국내에서 한동안 베스트셀러로 자리매김했던 『내 안에서 나를 만드는 것들』이라는 책을 보고 상당히 깊은 감명을 받았다.

그 책에서 나온 말이다. "세상에서 가장 속이기 쉬운 사람이 바로 자신이다." 즉 인간은 대부분 '자신은 절대로 자기기만에 빠지지 않았다'라고 자기를 위안하면서 스스로 자신을 속이고 있다는 것이다.

또한 그 책에서는 핵심 키워드로 '공정한 관찰자'라는 말이 나온다. 그 책에서 나온 공정한 관찰자는 다름 아닌 '나' 자신이다. 진정 나 자신을 사실적이고 있는 그대로 공정하게 지켜보고 평가하는 사람은 다른 누구도 아닌 바로 자신이며, 이를 '공정한 관찰자'라고 표현하였다.

아무리 남들은 모를지언정 본인 스스로가 비도덕적인 일을 하거나, 주어진 일에 충실하지 못할 때, 스스로가 했던 행위에 대하여 누구보다 잘 알고 있다고 했다. 또 그런 행위가 옳은지 그른지를 자신은 의식하고 있다는 것이다. 그래서 정의로운 사람은 "자신이 하지 않은 일에 대해서 칭찬을 받을 때 오히려 굴욕감을 느낀다."라고 했다. 그리고 그 칭찬으로부터 가장 초라한 반성을 하게 된다는 것이다.

그 문장을 읽으면서 누군가에게 내 마음을 들켜버린 것처럼 왠지 부끄러웠다. 지금까지 50년을 넘게 살아오면서 진정으로 있는 그대로의 나 자신을 돌아본 시간이 얼마나 되었는지 생각해본다.

회사에서 다면평가의 일종으로 자기평가를 해보기는 하였지만 '과대평가'하기 일쑤였고, 막상 나 자신을 내보이는 일은 굉장히 익숙하지 않은 행위였다. 그러나 목표를 성취하기를 원한다면 반드시 필요한 과정이 자기 평가이다. 자신을 분석하고 평가하는 과정에서 장점은 물론 단점까지 적나라하게 드러나므로 고통스러울 수도 있다. 하지만 이 과정을 건디지 못하면 목표에 도달하기 어렵다.

경쟁 사회에서 상대에게 먼저 공격당하지 않기 위해서는 자신의 단점을 누구보다 잘 알 필요가 있다. 냉정하게 자신을 평가하기란 말처럼 쉬운 일이 아니다. 2017년 1월 국내 모 일간지 전문기자 칼럼에 따르면 "전체 직장인 50퍼센트는 스스로는 경쟁력이 있다고 판단하지만 실상 회사에서는 20퍼센트만 필요한 사람이라 판단한다."고 한다.

법정 스님이 쓴 수필집 『맑고 향기롭게』에서 생각나는 한 구절을 소개하겠다. "그냥 듣기 좋으라고 하는 남들의 그 알량한 말로 인해서 지금까지 우리는 얼마나 눈멀어 왔고 귀먹어 왔는지 냉정하게 되돌아볼 줄 알아야 한다. 남의 얼굴만을 쳐다보다가 자신의 얼굴을 까맣게 잊어버리지 않았는지 반성해보아야 한다. 남의 말에 팔리지 말고 자기 눈으로 보고 자신의 귀로 들어야 한다."

뒤돌아보건대 나 역시도 그러했던 것 같다. 그저 달콤한 감언이설(甘言利說)에만 귀가 열리고, 진정한 자기평가는 애써 외면하면서 사실적인 내 모습에는 눈을 감아버리기 일쑤였다.

경쟁적인 상황에서 객관적인 평가가 요구되는 경우에는 주로 타인에 의한 평가가 필요하지만 개인의 발전이나 문제해결을 위해서는 자기이해를 동반한 자기평가가 반드시 필요하다. 객관적이고 솔직하게 자신의 내면을 바라볼 때 비로소 올바른 방향을 모색할 수 있기 때문이다. 그 과정이 힘들다고 거부해 버리면 영영 자기모습은 찾지 못하고 타인의 눈으로만 세상을 바라보는 외눈박이로 살아갈 수밖에 없다.

39 _삶을 행복방향으로 세팅하라

행복이란 너와 나의 비교로는 결코 얻을 수 없다. 행복이 돈이나 물질적 재물 혹은 높은 지위에서 나온다는 말은 어떤 책이나 자료에도 언급되어 있지 않다. 우리 인간의 내면세계의 모순을 볼 수 있는 대목이다. 사람들에게 인생의 목적을 물어보면 대부분은 '행복'하기 위해서라고 대답한다. 가장 흔한 답이다.

그만큼 사람들은 누구나 행복 추구를 최우선으로 여긴다. 심지어 우리나라 헌법에는 기본권으로 '행복추구권'이 있다. 실제 우리들의 생활을 들여다보면 대부분 사람들이 많은 재물과 사회적 지위를 추구하는 데 모든 에너지를 쏟는다. 이유는 행복하기 위해서이다. 그러한 것들이 확보된다면 행복해질 것이라는 믿음이 있는 것이다.

그러나 욕망에는 끝이 없다. 정작 생각하고 목표했던 물질적 목표가 달성되었다 하더라도 그 만족감은 어느 순간 사라지고 그 이상의 목표를 또다시 추구하게 된다. 사실적으로 진정 행복할 시간은 찰나(刹那)에 불과할 뿐이다. 사회적 지위도 마찬가지 속성을 지니고 있다.

막상 목표하던 위치에 도달하면 소원이 없을 것 같지만 그렇게 바라던 위치에 올라서면 허전하기만 한다. 과거 내가 달성하고자 했던 목표는 환상에 가까운 신기루였다는 사실을 얼마 가지 않아 깨닫게 된다.

욕망이 가지는 속성은 적당히 만족할 수 없는 특성이 있기 때문이다. 결국 끝없는 욕망을 추구하다 보면 행복은커녕 정작 불행의 터널을 맞이하는 경우가 허다하다.

그리스 철학자 플라톤은 행복하기 위해서는 다섯 가지 조건이 있다고 했다.

하나, 먹고살기에 조금 부족한 듯한 재산

둘, 모든 사람들이 칭찬하기에는 약간 부족한 듯한 외모

셋, 자신이 생각한 것의 절반밖에 인정받지 못하는 명예

넷, 남과 겨루어 한 사람은 이기고 두 사람에게 지는 체력

다섯, 연설했을 때 절반 정도 박수를 받는 말솜씨

그가 말한 행복의 조건은 완벽하거나 차고 넘치는 삶이 아니다. 행복은 조금은 부족하고 조금은 낮은 곳에 있는 상태에서 느낄 수 있는 자신만의 감정이다. 재산이든 외모든 명예든 모자람이 없으면 정말 행복할 것 같지만 완벽에서 오는 근심과 불안, 긴장이 행복을 갉아먹게 된다. 적당히 모자란 가운데 부족한 부분을 채우기 위해 노력하는 나날의 삶 속에 행복이 있다는 것이 플라톤의 생각이다.

현법낙주(現法樂住), 즉 "현재 직면한 삶을 즐겁게 행복하게 사는 것이 참된 삶의 태도이다."라고 부처는 말했다. 또한 부처의 설법에서 엿볼 수 있는 행복의 조건은 '현재에 깨어서 살아라'라는 현실주의 관점을 끄집어낼 수 있다.

"지혜로운 사람은 지나간 과거를 슬퍼하지 않고 오지 않은 미래를 걱

정하지도 않는다. 지금 당장 해야 할 일에만 전념한다. 어리석은 사람은 지나간 과거를 슬퍼하고 후회한다. 또한 오지 않은 미래를 두려워하고 걱정한다."라고 했다.

"행복하고자 하는 자만이 행복할 수 있다." 여러 책들에서 볼 수 있는 명문장이다. 행복은 내 마음속에 있는 것이지 남과 비교해서 얻을 수 있는 것이 아니다. 오로지 자신에게 주어진 삶을 행복한 방향으로 설정해놓은 자만이 행복해질 수 있다.

불행해질 수밖에 없는 사고체계와 행동습관을 가지고 행복하고자 한다면 이는 매우 난센스이다. 예를 들어 내가 설정해 놓은 목표가 달성될 때까지는 오로지 일에만 매달리거나 남과 비교를 통해 나의 우월성을 인정받을 때까지 행복한 순간들을 의도적으로 미뤄놓는 일을 말한다.

조선 초기 학자 매월당 김시습은 "불길이 무섭게 타올라도 끄는 방법이 있고, 물길이 하늘을 뒤덮어도 막는 방법이 있다. 화(禍)는 위험할 때 있는 것이 아니고 편안할 때 있으며, 복(福)은 경사가 있을 때 있는 것이 아니라 근심할 때 있는 것이다."라고 했다.

어둠이 더할수록 새벽이 다가온다. 만개한 꽃은 질 일만 남게 된다. 좋은 일이 있다고 쉽게 들뜨지 않고 아무리 어려운 일이 있더라도 낙담하지 않고 평정심을 유지하는 것이 지혜로운 삶의 태도인 것이다.

저온의 시기를 일정 기간 거쳐야만 꽃을 피우는 식물들이 있다. 생물학 용어로 '춘화현상'이라 하는데 개나리, 튤립, 백합, 진달래 등이 여기에 속한다. 이 꽃들은 열대지방에서 자라지 못한다. 춥고 아린 겨울을 견뎌야만 봄에 꽃을 피울 수 있기 때문이다. 정령 봄이 오는 것을 알고 겨울을 견디는 생물체이다.

오스트리아 심리학자 빅터 프랭클(Victor Frankl)은 자신의 저서 『삶의 의미를 찾아서』에서 "행복을 얻기 위한 목적으로 일하는 사람들은 오히려 행복할 수 없다."라고 강조했다. 행복을 얻기 위해서 일한다는 것은 지금 당장의 행복은 고려하지 않는다는 의미이다.

다시 말하면 오늘 행복하지 않다면 내일도 행복할 수 없는 것이다. 행복은 조건이 붙어서는 안 된다. 지금 행복할 수 있어야 하고 또 그걸 그때그때 즐기면서 살아가는 자만이 진정한 행복추구권을 누릴 수 있는 자격이 있다.

"오늘 그걸 할 수 없다면 대체 무슨 근거로 내일 그것을 할 수 있다고 생각하는가?" 그러니 지금 할 수 있을 때 하고 싶은 일을 열심히 해야 한다. 성공적인 미래를 만드는 유일한 방법은 '오늘에 최선을 다하는 것' 뿐이다.

행복추구도 마찬가지이다. 순간순간 행복을 느끼면서 하루하루를 보내는 것이 현명하다. 다음을 위해 행복을 미뤄놓는다 해도 적금처럼 통장에 쌓이는 것도 아니고 과거에 미뤄놓은 행복을 미래에 찾아 쓸 수도 없다. 행복은 휘발성이 강하다. 그때그때 찾아 쓰지 않는다면 그때 느꼈어야 할 행복은 영원히 사라질 뿐이다.

법정스님의 강론 중에서 '행복하기 위해서'라는 주제로 말씀하신 내용 일부를 발췌해본다. "원(願)은 삶의 강한 동기인 동시에 새로운 의지이다. 먼저 어떤 목적을 이루기 위해 원을 세우고, 다음으로 그것을 실행하는 것이 또한 정진이다. 이를 원행(願行)이라고 한다. 원만 있고 행이 없어도 안 되고, 행만 있고 원이 없어도 안 되며, 원과 행이 일치될 때 두 바퀴 달린 수레와 같이 제대로 굴러갈 수 있게 된다. 원을 세움으로써 불확실하고 시들한 인생이 분명해지고, 생기에 차며, 그에 따라 살아 있는 보람도 누릴 수 있다. 원이 없으면 우리 인생은 빈껍데기처럼 공허할 뿐이다. 우리가 반복된 일상 속에서 거듭거듭 새롭게 태어나려면, 저마다 자기 처지와 특성에 따라 밝고 청정한 원을 세워야 한다."

당나라 유명한 시인인 백낙천이 젊었을 때 어느 고을의 관직을 맡아서 부임하게 되었다. 그 고을에는 선사가 한 분 살고 있었다. 하루는 백낙천이 선사를 찾아가 물었다. "도대체 불교란 무엇입니까?" 그 선사 왈 "뭐, 불교라는 것이 대단한 게 아니라, 나쁜 짓 하지 말고 착한 일 하라는 것이야."라고 답을 했다.

백낙천은 거창하고 어려운 법문을 기대했는데, 듣고 보니 너무 시시했다. "그까짓 것, 세 살 먹은 어린애도 알 수 있는 것 아니오."라고 말했다. 백낙천의 말이 떨어지기 무섭게 선사가 말하기를 "세 살 먹은 어린애도 알기는 쉽지만, 팔십 먹은 늙은이도 행하기는 어려우니까."

이 말에 백낙천은 무릎을 꿇었다고 한다. 그만큼 행(行)을 실천하기란 어려운 것이다. "구슬이 서 말이래도 꿰어야 보배"라는 말처럼 그때그때 행하여 실천하는 습관이 중요하다.

『행복의 조건』의 저자 조지 베일런트는 행복의 조건으로 다음 여섯 가지를 제시했다. "첫째, 다른 사람을 소중하게 보살피는 것이다. 둘째, 다른 사람의 도움이 필요하다는 사실을 인정하는 것이다. 셋째, 언제나 희망을 잃지 않고 스스로 할 수 있는 일은 자율적으로 해결한다. 넷째,

유머감각을 지니며 삶을 즐길 줄 알아야 한다. 다섯째, 과거를 되돌아볼 줄 알고 다음 세대로부터 끊임없이 배우려고 노력한다. 여섯째, 오랜 친구와 계속 친밀한 관계를 유지하는 것이다." 위 여섯가지 모두 누구나 알 수 있고 쉽게 생각하지만 실천하기는 정말 어려운 일이다.

행복이라는 것은 실체가 있는 것이 아니고 보이는 것도 아니다. 우리 주위에 널려 있는 행복을 지나쳐 버리거나 관심을 갖지 않을 뿐, 행복은 항상 우리들에게 손짓하고 있다. 그래서 "행복하고자 하는 자만이 행복해질 수 있다."라는 말이 나온 것이다. 삶의 목적을 행복에 둘 필요도 없다. 행복은 미래의 목적지가 아니라 삶의 현재 진행형이다.

지금 당장이라도 당신이 행복해지고 싶다고 마음먹으면 현재 당신이 가지고 있는 것 자체만으로도 얼마든지 행복해질 수 있다. 단, 생각만 조금 바꾸면!

40 _내게 일어난 모든 일에 감사하라

어느 신문사 칼럼에 나온 글이다. 칼럼의 제목은 "나쁜 일이 있을 땐 '고맙다'라는 말을 외쳐라."이다. 나쁜 일이 일어나면 사람은 자동으로 더욱 좋지 않은 생각을 하게 된다. 그럼 또 나쁜 일이 연이어 생기게 된다. 하지만 거기서 '고맙다'라고 말하면 불행의 사슬이 끊긴다고 한다.

일본에서는 '아리가토'를 마법의 말이라고 여긴다. 일본어에서 '아리가토'를 한자로 표기하면 '有り難う(어려움이 있다)'이다. 일본사람들이 가장 많이 쓰는 표현 중의 하나인 '아리가토'는 '감사'의 의미로 쓰인다. '어려움이 있는 가운데 이런 것을 해주다니'라는 마음이 담긴 것이다. 감사의 진정한 의미는 상대가 본인의 희생을 마다하지 않고 나에게 도움을 주는 것에 대해 고마움의 뜻을 전하는 것이다.

가치 있는 행동에는 희생이 따르기 마련이다. 아무런 대가를 치르지 않고는 상대를 감동시킬 수 없다. 만약 그렇지 않고도 감사의 표시를 받았을 때는 마음으로 전달되는 느낌이 별로 없다는 것을 본인이 스스로 잘 알고 있다.

자기 스스로 낮은 자세로 임하면서 상대의 편의를 도모하거나 상대의 입장을 먼저 고려하여 상대에게 양보한다는 것은 절대 쉽지 않은 일이다. 하지만 그렇게 행동하면 반드시 상대는 깊은 은혜와 신뢰를 느끼며, 본인에게는 '공덕'을 쌓는 일이 된다.

'화향천리행(花香千里行) 인덕만년훈(人德萬年薰)'이라 하였다. "꽃향기는 천 리를 가고, 사람의 덕은 만 년을 간다."는 뜻으로 남에게 덕을 베풀면 그 공덕은 다시 나에게로 돌아온다. 당장은 아닐지라도 결코 없어지지 않고 대대손손 어느 때라도 반드시 복이 되어 되돌아온다는 뜻이다.

'공짜 점심은 없다'는 말이 있다. 경제학자들이 기회비용 원리를 강조하면서 자주 인용해 속담처럼 회자되는 말이다. '공짜 점심(free lunch)'이란 개념은 미국 서부 개척시대 술집에서 술을 일정량 이상 마시는 단골에게 점심을 공짜로 주던 데서 유래되었지만, 사실 그 공짜 점심의 가격은 술값에 전가되어 있다는 뜻이다.

좋은 일이든 나쁜 일이든 본인이 한 행위의 대가는 반드시 언젠가는 본인이 받게 되는 것이니 본인이 누군가에게 좋은 일을 했다 하더라도 그 선행의 결과를 즉시 바랄 필요도 없고, 당장은 알아주지 않는다고 서운할 필요도 없다. 반대로 윤리적으로나 관습적으로 나쁜 짓을 하고서도 당장은 이익이 되는 것처럼 느껴지는 일을 했을 때, 순간적으로 기분이 좋을지 모르지만 언젠가는 그 대가를 치르게 된다.

결국 세상만사 부닥치는 모든 일에 일비일희(一悲一喜) 할 필요도 없고 경거망동(輕擧妄動)해서도 안 된다. 인생사새옹지마(人生事塞翁之馬)라고 했다. 오르막길이 있으면 내리막길이 있다. 오직 본인이 스스로 마음을 다스려 옳은 길을 걸으며 선행을 베풀어 공덕을 쌓는 일만이 으뜸이다.

그러한 뜻을 지니고 행동하는 사람을 동양에서는 군자(君子)라고 칭했다. 조선시대의 선비들이 지녀야 할 선비정신으로 '수기치인(修己治人)'을 들었다. '수기치인'이란 "자신의 몸과 마음을 닦은 후에 남을 다스린다."라는 뜻이다. 백성을 다스리는 자리에 있거나, 어느 조직의 리더로 있는 사람이라면 먼저 본인을 스스로 갈고 닦아 자신의 수신(修身)을 철저히 행하여야 한다. 그래야 제가(齊家)를 하고 치국(治國)을 할 수 있게 되고 평천하(平天下)를 이룰 수 있는 것이다.

모든 선행의 시작은 '감사'에서부터 출발한다. 감사하는 마음을 지니지 않고서는 남을 배려하는 마음이 나올 수가 없다. 감사는 상대가 가족이든, 이웃 친척이든 아니면 사회 전체에 대해서든 진심으로 고마움을 전달하는 마음이다.

지금의 나를 존재하게 하고 나를 지탱하게 할 수 있는 것은 모두가 나만의 힘으로 되지 않았음을 먼저 깨달아야 한다. 사람이 할 수 있는 것에는 한계가 있고, 사람의 능력도 제한되어 있다. 무언가를 성취할 수 있었던 것은 상당 부분 남으로부터 받은 은덕(恩德)의 힘이 작용되었다고 볼 수밖에 없다.

사실 남으로부터 받은 은덕은 결국 본인이 그동안 쌓아온 공덕에서 나온 것이다.

불교에서 윤회사상이란 '끊임없이 나고 죽는 일'이라 하듯이 모든 업보(業報)는 나고 죽고를 반복한다. 감사하는 마음으로 선행을 행하면 결국 그 선행은 나에게로 돌아온다.

필자는 아직까지 뚜렷한 종교가 없다. 한때는 주일을 지키며 교회를 다니기도 했었고 또 어느 시절에는 불교에 관심이 있어 주기적으로 절을 찾기도 했었다. 그러나 현재도 어느 한 종교에 완전하게 귀의하지는 못했다.

비록 종교의 믿음은 갖고 있지 않지만, 나만의 믿음은 바로 '감사하는 마음'이다. 나의 직장, 건강, 가족, 친구, 올바른 생각 등, 이 모든 것이 나에게는 감사할 뿐이다. 때로는 혼자 자문을 해보곤 한다. '내가 무슨 공덕을 쌓았다고! 이렇게 감사해야 될 많은 일들이 나에게 주어졌는가?'라고 말이다.

물질로 주어진 혜택이 아니더라도 나 자신이 이렇게 정상적으로 생각하고 행동하고 남들과 교류할 수 있는 것 자체만으로도 너무나 감사할 일이라는 것을 나는 경험상 잘 알고 있다. 사실 매일 아침 눈을 뜨고 기지개를 켤 수 있는 것만으로도 너무나 감사할 일이다. 그렇다. 누구나 항상 자신에게 감사하고 나아가서 모든 이들에게 감사해야 한다. 바로 그런 마음이 선행의 기본이 되어 세상을 밝히는 등불이 되는 것이다.

오늘 하루도 감사하는 마음으로 시작하고 감사하는 마음으로 하루를 보낸다면 그것만큼 의미 있는 일이 또 어디 있겠는가?

PART 06

셀프리딩 5단계 :
셀프리더십 실천하기

41 _수신제가는 리더의 핵심가치

유교의 입문서인 대학에서 수신-제가-치국-평천하(修身-齊家-治國-平天下)라고 했다. 여기서 수신(修身)이 바로 셀프리더십에 해당한다. 수신은 인간 삶의 근본이자 세상을 밝게 해주는 등대 역할을 한다.

조선왕조 500년을 지탱해온 정신적 지주에는 여러 가지가 있겠지만, 그중에서 선비문화를 빼놓을 수 없다. 과거 1000년의 역사를 자랑하던 로마제국에 노블레스 오블리주(noblesse oblige)가 있었다면, 조선왕조 500년은 선비문화가 있었다. 즉 조선왕조 500년, 로마제국 1000년의 역사를 이끈 리더들의 정신적 가치는 수신(修身)이었다. 여기서 말하고자 하는 수신(修身) 혹은 마음 다스림을 경영학의 리더십 관점으로 보면 셀프리더십이 된다.

셀프리더십은 비단 기업에만 해당하는 것이 아니다. 이는 가정이나 일반 사회활동에서 나와 관계를 맺고 함께 하는 사람들 속에서 나를 바르게 세우고 모두를 행복하게 만드는 요체가 된다. 다음 [그림 1]은 자신을 중심으로 직장에서의 360도 관계 형성을 보여주는 인간관계도이다.

경영학의 대가이자 리더십 분야의 최고 권위자인 존 맥스웰의 저서 중에 『어떻게 360도 리더가 되는가?』라는 책이 있다. 리더의 위치에 있다고 생각하는 사람은 이 그림을 보고 한 번쯤 깊이 생각해볼 수 있

을 것 같다. "과연 나는 나를 중심으로 360도 리더십을 펼칠 수 있는
자질이 어느 정도 갖추어져 있는가?" "어느 방향은 양호하나 또 다른 방
향은 서먹하지는 않는가?"

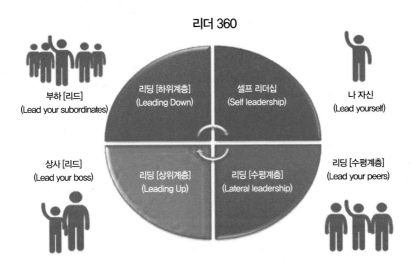

[그림 1] 동료·부하·상사 등 360도 인간관계도 (저자 박사학위 발표자료에서 발췌)

　오직 조직에서의 인간관계에만 국한된 것은 아니다. 자연스럽게 사람
들 간의 관계는 상·하·좌·우 관계로 요약할 수 있다. 자신을 중심으로
위와의 관계, 아래와의 관계, 동료 및 친구와의 관계 등 매우 복잡하고
다양하게 네트워크가 형성되어 있다.
　어떠한 사람도 모든 관계를 다 잘할 수는 없다. 어느 한쪽 방향은 좀
더 잘하고 어떤 방향으로는 조금 부족한 경우가 있다. 그러나 조직의 리
더가 되면 360도 관계의 질을 생각하지 않을 수 없다.

필자는 지난날을 돌아보면 많은 시간을 사람에 대한 고민을 풀어가는 데 쏟아 부었다. 그동안 내가 맡아왔던 직무도 그러했고 평소 관심사인 나 자신과 내 주변의 사람들에게도 사람들의 본성과 특성, 개성, 성격 등이 업무의 성과 혹은 리더십에 미치는 영향에 대해 관심을 많이 가졌다.

내가 속한 회사의 문화와 조직 구성원들의 특성을 고려하여 각종 인사제도를 설계하였으며 그 제도를 실행함으로써 직원들에게 미치는 효과를 여러 방면으로 시뮬레이션을 했다. 내가 관심 있게 분석했던 분야는 평가분야였다. 그중에서도 특히 직원들의 셀프리더십을 자극하고 동기부여를 해줄 수 있다고 판단된 다면평가 부분이었다.

실무를 하면서 얻은 통찰과 평가에 관련된 실제 데이터를 분석하면서 사람의 특성과 업무성과의 상관관계에 더욱더 깊게 접근해볼 필요성을 느꼈다. 그 결과 조직 구성원들의 '셀프리더십'이 '조직성과'에 미치는 영향 등에 관하여 국내 등재 학술지에 여러 편의 논문을 게재하였다. 결국 그 논문들을 기초로 박사학위 논문까지 작성하게 되었다.

셀프리더십은 리더는 물론이고 조직 구성원 각자에게 내재되어 있거나 육성돼야 할 리더십으로 일반적인 다른 형태의 리더십과는 조금 다르다. 셀프리더십이란 자기통제(self-control)와 자기관리(self-management)를 통해 타인의 지시에 의존하지 않고 자기 자신을 이끌어가는 리더십을 말한다.

이전에 필자가 학술논문에서 밝힌 내용이지만 조직 구성원들의 셀프리더십은 조직성과에 유의수준의 범위 내에서 상당한 상관을 갖는 것으로 증명되었다. 또한, 앞서 말한 부하 및 동료 등의 360도 다면평가가 이들 관계를 정(+)적으로 매개하고 있다는 사실도 실증연구를 통해 증명되었다.

연구결과가 가져다준 시사점은 그동안 기업 현장에서 접한 실무 경험치를 과학적 방법으로 입증하였다는 점이다. 즉 팀 셀프리더십이 강한 집단일수록 팀 성과가 높아질 수 있다는 이론적 배경을 최초로 입증한 셈이다. 셀프리더십이란 변수의 특성은 타고난 것일 수도 있고, 후천적으로 길러지는 특성일 수도 있다.

두 가지 특성 중 어느 특성이 셀프리더십의 자질 형성에 기여한다고 밝혀진 연구결과는 아직은 없다. 다만 주어진 환경과 법, 제도에 따라 두 가지 특성이 각기 조화를 이루면서 하나의 요소로 표출될 뿐이다. 단지 인간의 선천적인 요소인 '성격'은 심리학적 접근이 필요하였기에 내가 발표한 논문에 소개된 셀프리더십 특성은 후천적 요소만을 다룰 수밖에 없었다.

셀프리더십을 후천적으로 향상시킬 수 있는 방법은 여러 가지가 있겠으나, 기업에서 조직성과를 목표로 한다면 다면평가와 같은 제도적 수단이 매우 효과적이다. 즉 계속해서 본인의 좋은 이미지를 부각하기 위해서는 각자의 상대인 동료, 부하, 상사 더 나아가서는 고객에게까지 의도적으로 자신의 최상의 모습을 보여야 하기 때문이다. 처음에는 의도적으로 행동하게 되지만 차츰 자기 강화를 위한 이러한 반복적 행위는 곧 본인의 특성으로 굳어지게 된다.

필자의 연구결과 주요 요지는 바로 셀프리더십의 선천적 요인이 조금 부족해도 제도나 환경적 요인이 뒷받침을 해준다면 셀프리더십의 역량을 충분히 보충할 수 있다는 점이다. 그렇게 길러진 셀프리더십은 직장생활에만 한정된 것이 아니라 세상을 살아가는 데 있어서도 자기를 이끄는 핵심 가치가 된다. 나로부터 시작된 좋은 기운이 자신의 주변을 밝게 만들어 주며 그 기운이 확산되어 궁극적으로는 선진문화를 형성하게 된다.

조직성과는 목표만 설정했다고 이루어지는 것이 아니다. 전체 구성원이 목표를 제대로 인식하고 동참하며 진정으로 이루고자 하는 적극적이고 능동적인 자세가 갖추어질 때 비로소 목표달성에 한 걸음 다가가는 지름길이 된다.

42 _신뢰할 수 없는 리더에게 부하는 없다

어느 조직이나 고성과자 혹은 저성과자 집단은 항상 있기 마련이다. 저성과자 집단을 제도를 통해서 제거하면 될 것 같은가? 그렇지 않다. 리더가 변하지 않는 이상 그러한 직원들을 해고하면 물론 당장 없어질 수는 있지만 곧바로 그런 부류의 직원들로 다시 채워지게 마련이다. 적어도 동일한 리더 아래 놓인 집단에서는 더욱 그렇다.

그래서 근래 여러 유형의 리더십 중에서 '슈퍼리더십(Super Leadership)'이 주목받고 있다. 슈퍼리더십은 급변하는 경영환경에 신속하게 대처하기 위한 '자율경영'의 관점에서 나타난 리더십 유형이다. 슈퍼리더십의 가장 큰 특징은 "리더 자신이 먼저 셀프리더가 되어야 한다."는 것이다.

공자 왈(日) "기신정(基身正)이면 불령이행(不令而行)하고, 기신불정(基身不正)이면 수령불종(雖令不從)"이라고 했다. 이 말은 리더가 반드시 새겨야 할 핵심지침이다. 즉 '위정자 자신이 올바르면 명령을 내리지 않아도 저절로 시행되고, 위정자 자신이 올바르지 않으면 명령을 내려도 시행되지 않는다.'는 뜻이다.

리더가 명확한 비전과 목표를 제시하며 강한 의지로 때로는 배려와 포용력을 발휘하면서 조직 구성원들과 함께할 때 팀워크는 저절로 생긴다. 리더 스스로가 확신을 못하고 우왕좌왕하면서 목표를 추진한다면 결과는 말할 필요가 없다. 자기 확신을 갖고 강한 긍정의 힘으로 조직 구성원들을 리드할 때 진정한 리더십을 발휘할 수 있다.

의학용어에 '플라세보'란 단어가 있다. '실제로는 생리 작용이 없는 물질로 환자를 일시적으로 안심시키기 위하여 투여한 속임약'을 말한다. 이 말이 중세에서는 '가짜로 눈물을 흘리고 애통해하며 시편을 읊조리는 고용된 문상객'을 폄하하는 뜻으로 사용되기도 했다.

의학에서 '플라세보 효과'란 다루기 힘든 환자를 진정시키고 위로해주는 방법이라고 정의되고 있다. 달리 말하면 약과 동일하게 보이도록 만들어졌거나, 효능이 있는 약처럼 환자에게 제공되지만 사실은 실제 효과가 없는 가짜 약을 말한다.

이와 관련하여 필자의 선배 자녀에 관한 사례 하나를 소개하고자 한다. 당시 사례 당사자는 30대 초반으로 대학을 졸업하고 군복무까지 마친 상태에서 구직활동 중이었다. 그러나 구직활동을 하면서 여러 차례 낙방하고 취업 거절을 경험하면서 차츰 자신감을 잃어 시간이 흐를수록 혼자만의 시간을 고집하게 되었다. 일종의 우울증으로 추측되었다. 모든 일에 자신감이 결여되어 일상생활마저 지장이 있을 정도로 심각한 상태를 보였다고 한다.

아들의 그런 모습을 곁에서 지켜본 선배는 심장이 녹아내릴 것 같지만 뾰족한 해결방안이 서질 않는다고 했다. 이곳저곳에서 상담을 받아보고 여러 가지 방법을 취해보았지만 상태가 호전되지 않자 급기야는 필자 추천한 종합병원 신경정신과를 찾았다. 나와 선배는 당사자를 데리고 검사를 받아보기 위해 담당 의사와 면담을 했고 곧바로 검사가 진행되었다.

먼저 의사가 여러 가지 동작에 대해 시범을 보이면서 환자에게 따라 하도록 하였다. 그러나 당사자인 선배 아들은 단순한 동작임에도 불구하고 몸을 몹시 떨거나 일정한 자세를 유지하지 못한 채 마지못해 따라하며 무척이나 힘들어 했다.

1차 검사를 끝낸 의사는 청년의 현재 상태를 파악하고 나서, 환자에게 알약과 물약을 주고 아주 친절하게 처방해준 약의 효능에 대해 말했다. 의사의 말에 따르면 "그 약은 짧은 시간에 굉장한 에너지를 낼 수 있도록 만들어진 약이며, 증상을 완전하게 치료할 수 있게 만든 약"이라고 말했다. 이어서 의사는 "약 복용 후 정확히 20분 후에 앞서 했던 동작을 다시 한 번 해보자"고 했다.

정확히 20분 후에 1차 검사 때 했던 동일한 동작을 반복하게 하였다. 결과는 매우 놀라웠다. 옆에서 지켜보고 있던 선배와 나 역시도 매우 놀랄 정도로 1차 검사 때 나타난 떨림이나 이상한 행동은 전혀 보이지 않았다. 약의 효과는 믿기 어려울 정도로 대단했다.

검사가 끝나고 의사는 당사자인 아들에게 이렇게 말했다. "방금 전에 했던 검사 결과처럼 병원에서 처방한 대로 일정기간 약을 복용하면 본인이 겪고 있는 불편한 증상은 모두 사라질 것이다."라고 말이다.

그런데 의사가 보호자인 선배를 불러 그 약의 효능과 검사방법을 말해주었을 때 선배는 깜짝 놀라지 않을 수 없었다고 하였다. 알약은 단순한 비타민제 성분의 약이었고 물약은 음료수에 불과했던 것이었다. 이게 도대체 어떻게 된 일인가? 다름이 아니라 그것이 바로 '플라세보 효과'였던 것이다. 단지 의사가 말한 약의 효능에 대한 확신과 그 약에 대한 환자의 믿음이 만들어 낸 결과였다.

위에서 밝힌 사례는 신경정신과 분야에서 종종 사용되는 '플라세보' 방식의 일종의 의학 처방이다. 그 선배 아들은 병원에서 처방해준 약을 복용하고 일정기간 의사 면담을 통해 정상적인 생활로 돌아오게 되었다. 이처럼 신경정신과 치료의 목적으로 '플라세보' 방식을 이용하지만 간혹 일부 의학계에서는 그 방식을 '정신적 속임수'라고 비난하며 '환자 윤리'를 내세워 금지하자는 주장이 나오기도 한다.

비단 '플라세보' 효과는 병원에서만 이용하는 것은 아니다. 경영현장은 물론이고 사람과의 관계가 형성되는 곳은 어디에나 적용 가능한 원리다. 조직이든 개인이든 각자의 비전과 목표를 분명히 하고 달성하리라는 믿음을 확신시켜 스스로에게 최면을 거는 것이다.

리더의 위치에 있는 사람이든 아니든 강한 믿음과 확신이 가득한 사람과 그렇지 않은 사람과는 모든 행동이나 태도에서 확연하게 차이가 있다. 매일 매일 스스로에게 '플라세보'의 효과가 나타날 수 있도록 자기 최면을 걸어 자기강화를 할 필요가 있다.

앞서 병원에서 있었던 사례는 '긍정의 힘'과 '믿음'이 주는 효과가 얼마나 대단한지를 보여주는 사례라고 할 수 있다.

어떤 여론조사에서 불행한 직장생활의 가장 큰 원인이 함께 일하는 상사에서 비롯된다는 조사결과가 있다. 상사가 올바르지 못한 행동을 스스럼없이 하면서 지도자 역할을 수행하거나 분명한 방향제시도 못하고 항상 자신감과 믿음이 결여된 상태에서 업무지시를 해놓고 정작 책임은 회피하는 등의 리더답지 못한 행동을 하는 것이 부하들을 불행하게 만든다.

신뢰할 수 없는 리더가 지시한 일에 어떤 부하가 그 일을 몰입하여 수행하겠는가? 기시정불령이행(基身正不令而行)라고 했듯이 명령하지 않아도 따를 수 있게 하는 리더의 힘은 바로 신뢰이며, 그 신뢰는 리더 자신이 만드는 것이지 리더의 직책이 만들어주는 것이 아님을 인식해야 한다.

43 _구성원들의 가치, 리더에게 달려 있다

기업문화가 더욱 중요해진 이유는 조직형태의 변화에서 원인을 찾을 수 있다. 미래로 갈수록 조직은 점점 수평적인 구조, 편평한 조직형태로 탈바꿈하고 있다. 조직구조가 수평적인 조직으로 갈수록 통제를 위한 제도적 수단이 많아진다. 당연히 제도적 통제 수단이 많아지게 되면 창의성이나 자율성이 침해되어 수평적 조직의 이점이 사라진다.

따라서 제도적 통제수단은 최소화를 지향하되 그 공백을 건전한 조직문화가 대신해야 한다. 예컨대, 교향악단, 병원, 법률회사, 컨설팅회사, 회계법인 등은 통제의 폭이 상당히 넓은 조직임에도 불구하고 통제 기능을 많이 사용하지 않는 집단들이다. 그 이유는 구성원들이 이미 조직의 근본적인 가치이념, 임무, 목표 등을 잘 알고 있기 때문이다. 이렇듯 조직이 편평해지고 분권화될수록 조직문화의 중요성이 더욱 강조될 수밖에 없다.

특히, 경영환경 변화가 급격하게 진행되는 시기에는 그 변화에 신속히 대응할 수 있도록 탄력적인 조직형태를 견지하고 운영해야 한다. 물론 조직구성원들도 과거처럼 중앙통제에 의해서 미션을 수행하거나 규정이나 지침을 준수해가면서 변화에 대응하기에는 한계가 있다.

탄탄한 조직문화가 구축되어 있다는 전제하에 구성원 모두에게는 조직의 비전과 목표를 정확히 인식시키고 나머지는 각자의 리더십, 즉 개인의 소양, 가치관, 생활철학, 애사심, 팀워크 등에 기대할 수밖에 없다.

곧, 변화된 환경 속에서 수평적 조직이 지속 가능한 성과를 창출하기 위해서는 조직 구성원들의 셀프리더십이 무엇보다 중요하게 되며, 그것들이 실행되는 정도에 따라 기업의 성패가 좌우된다고 해도 과언이 아니다.

따라서 진정한 리더는 구성원 각자를 '셀프리더'로 성장하게 환경을 만들어주는 사람이다. '야신(야구의 신)'이라고 불리는 김성근 감독이 쓴 책 『리더는 사람을 버리지 않는다』에서 리더의 통찰이 왜 중요한지를 들여다볼 수 있는 문장을 인용해본다.

김성근 감독은 "이 세상에 쓸모없는 사람은 없다. 다만 이를 알아보지 못하는 리더가 있을 뿐"이라며 리더의 역할을 강조했다. 만약 리더가 앞서 말한 그런 신념을 가지고 직원들의 잠재능력을 발견하고 그 능력을 발휘할 수 있도록 이끌어준다면 어떤 직원이라도 따르지 않을 리 없다.

얼마 전 필자가 근무하고 있는 회사에서 있었던 일을 소개하고자 한다. 전 직원의 동의를 필요로 하는 취업규칙 불이익 변경사항에 대하여 노동조합과 협상하는 과정에서 회사 측 한 간부가 회사 인트라넷 게시판에 다음과 같은 취지의 글을 올렸다.

"우리 회사는 전문가 집단으로 팀워크가 무엇보다 중요한 집단인데 '프리라이더(free-rider)'가 존재하고 있다. 따라서 그로 인해 팀워크에 해를 끼칠 뿐 아니라 다른 팀원들에게도 좋지 않은 영향을 미치는 요인이 되고 있다. 이번 취업규칙 변경은 그러한 프리라이더(무임승차자)를 없애는 방법이 될 것이니 노조는 이에 적극 협조해야 한다."라는 내용의 글이었다.

이에 대해 노조위원장 역시 회사 게시판에 답장의 글을 올렸는데 골자(骨子)는 이렇다. "회사 간부가 말한 '프리라이더'라는 직원을 만든 사람이 누구인가? 다름 아닌 회사 간부이다. 프리라이더가 존재하게 만든 회사 간부의 리더십을 탓하지 않고 규정 개정만으로 그러한 직원이 발생하지 않도록 할 수 있다는 것이 말이 되는가? 그런 문제는 리더의 문제가 더 크다고 생각하니 규정 개정보다는 회사 간부들의 리더십을 키웠으면 한다."

어느 경영학 이론서적의 리더십에 대한 정의보다도 더 확실하게 '리더십이 무엇인지'를 생각하게 하는 글이었다. 구구절절이 써놓은 리더십 정의보다는 기업현장에서 요구되는 리더의 역할을 다시 한 번 생각하게 하였다. 맞는 말이고 정확한 비판이며 건전한 지적이었다.

특히, 필자가 근무하고 있는 곳은 보수수준이 높은 편에 속하는 공기업이다. 입사 때부터 워낙 높은 스펙(specification)을 기본으로 여러 단계의 입사 전형절차를 통과한 사람들이기에, 그들이 특별히 기본자질이 부족하다고 생각하지는 않는다. 입사 이후 완전한 조직 구성원이 되기까지는 본인의 노력이 무엇보다 중요하지만 각자 회사의 적합한 인재(right people)로 성장하는 데에는 회사의 경영환경 및 리더의 역할을 빼놓을 수 없다.

리더의 일방적인 판단이나 개인의 호불호(好不好)를 따져 직원들을 쓸모없는 직원으로 간주한다면 그것이야말로 회사 채용정책의 실패이고 비윤리적인 행위이다. 문제는 조직을 이끄는 리더들의 자질이 부족해 직원들의 잠재능력을 개발해내지 못하는 것이다. 리더들의 부족한 자질과 방임의 원죄를 조직구성원들의 탓으로 돌리는 행위는 개인이나 조직 측면에서도 도덕적 윤리에 반하는 행위이다.

인사관리(人事管理)에는 '3대 원칙'이 있다. 적재적소의 원칙, 기회균등의 원칙, 욕구충족의 원칙이다. 일정한 채용조건을 통과하여 입사한 직원이라면 인사의 3대 원칙에 따라 직원들의 자질이나 능력에 맞게 부서를 배치하고 그들의 역량이 최대한 발휘될 수 있도록 기회를 제공해야 한다. 그것이 바로 리더들의 역할인 것이다.

조직에서 프리라이더가 존재하게 된 가장 결정적인 원인은 리더의 역할 부족, 즉 리더십의 부재이다. 모두가 잘 알고 있는 사실이지만 어느 조직이나 이른바 저성과자 집단은 발생하기 마련이다. 20대 80의 '파레토 법칙'이 기업조직에서도 통한다. 일반적으로 20퍼센트의 직원들이 80퍼센트 성과를 창출한다고 되어있다.

즉 어느 조직이나 20퍼센트의 고성과자 집단과 80퍼센트의 나머지 집단으로 나뉜다. 인간의 집단에서 발생하는 이러한 일반적인 현상을 개선해보고자 기업마다 리더십의 중요성을 강조하고 있으며, 조직특성에 맞는 리더십 프로그램을 개발한다.

이른바 고성과 집단으로 분류된 20퍼센트를 제외한 80퍼센트의 집단을 고성과자 집단으로 끌어올리는 방법을 고민하면서 기업은 끊임없이 인사제도를 개선하고 기업문화를 선진화하려는 노력을 계속한다.

리더의 역할은 다른 데 있지 않다. 같은 식구가 되었으면 그 조직에 적극 동참할 수 있도록 배려하며, 그들의 잠재능력을 최대한 발휘할 수 있도록 환경을 만들어 주어야 한다. 특히, 리더의 위치에 있는 사람이라면 그들에게 끊임없는 코칭과 피드백을 해주어 그들이 아웃사이더가 되지 않도록 한 사람 한 사람에 대해 신경을 써주어야 한다.

그러한 과정을 통해 모든 직원들이 셀프리더로 성장할 수 있도록 배양하는 것이 리더의 고유 역할이자 진정한 리더의 모습이다. "애당초 쓸모없는 사람은 단 한 사람도 없다. 단지, 그들의 가치를 몰라주는 리더가 있을 뿐이다."라는 명문장을 리더의 자리에 있는 사람들은 마음에 되새겨 볼 필요가 있다.

44 _평가하고 평가받는 자가 따로 있지 않다

   심리학에서 성격을 분석할 때 원초아(id), 자아(ego), 초자아(super ego)로 분류한다. 원초아인 이드(id)는 인간 본래의 원초적 본능, 즉 본성(nature)을 말한다. 그리고 자아인 에고(ego)는 남을 의식하거나 혹은 제도나 법규를 지키기 위한 의식적인 행동, 즉 이성(reason)적인 태도를 가리킨다. 초자아인 슈퍼에고(super ego)는 외부요인에 의한 간섭이 없어도 옳은 것만을 행하는 것을 말한다.

   심리학적 관점으로 볼 때 대부분의 사람들은 자아(ego) 단계에서 행동한다. 즉 주변을 의식하면서 행동하거나 법 혹은 제도적 장치에 의한 직간접적인 통제로 자아가 형성된다고 보는 것이다. 그래서 기업조직에서 규정이나 지침 같은 최소 행동 가이드는 성문법적인 통제수단이 될 수 있고 직장예절 혹은 관혼상제 등 기업문화는 불문법적인 억제수단이 된다.

   일반적으로 기업에서는 이 두 가지 요소에 의해 자의든 타의든 원초적 본능인 이드(id) 단계를 벗어나 조직 내에서 본인에게 적합한 자아를 형성하게 된다. 그렇게 형성된 자아는 곧 조직 구성원 각자의 셀프리더십 역량으로 개발되어 진다.

   더 나아가서 구성원들의 셀프리더십은 일반 팀원으로서의 셀프리더십이 있고, 팀 리더로서의 셀프리더십이 있다. 팀 리더는 '리더' 자신만의 단계를 벗어나 팀 구성원들 각자의 셀프리더십이 충만할 수 있도록 도와주고 배려하고 그것에 적합한 근무환경을 조성해 팀 전체의 셀프리더십의 지수를 확대해야 하는 책임이 있다. 그러한 역할을 잘 수행해나가고 부하육성을 최우선시하는 리더십의 형태를 슈퍼리더십이라고 한다.

필자는 그러한 요소들을 고려하여 조직 구성원들의 '셀프리더십지수'를 끌어올리는 수단으로 '다면평가'라는 요소를 관심 있게 지켜보았다. 그래서 한때 인사업무를 하면서 느낀 통찰을 바탕으로 '다면평가'요소를 매개변수로 설정하여 실제 기업성과에 미치는 영향 정도를 학술적으로 연구한 바 있다.

2000년 전후로 신(新)인사제도가 국내에 들어오면서부터 우리 문화 혹은 정서와는 배치(背馳)될 다면평가 제도가 국내 기업에 유행처럼 도입되었다. 그 당시 국내의 경영환경은 최악의 상태였고 스스로 변화하기보다는 외부로부터 변화를 요구받고 있었던 시기였다. 1997년 IMF 외환위기를 맞이하면서 기업 체질을 바꿀 수밖에 없었던 상황이었기에 모든 기업에서는 살아남기 위한 자구책 마련에 생사를 걸었던 시기였다.

그동안의 일반적인 근무평가는 상사로부터 받는 평가만을 의미하는 것이었다. 즉 상사는 평가자가 되고 부하는 당연히 평가를 받는 입장인 것이다. 그런데 다면평가 제도는 그동안의 관습이나 상식을 깨고 각 구성원 개개인을 중심으로 현재 본인의 위치나 지위에 상관없이 누구나 360도 전방위의 평가를 받고 동시에 평가를 가능케 하는 평가방식의 혁신이었다. 즉 한 사람을 대상으로 상사·부하·동료가 다각적으로 평가를 하는 것이다.

그중에서 가장 큰 영향을 주는 것이 '부하평가', 즉 부하가 상사를 평가하는 것으로 이는 이전까지의 상식을 완전히 뒤바꾼 것이다. 다면평가를 실시했을 때 일부 부작용이 나타나기도 했지만 조직문화는 상당히 변했다.

그즈음에 기업 조직운영 측면에서도 큰 변화가 있었는데, 이는 다름 아닌 팀제 확산이었다. 그 당시 신(新) 인사제도를 촉진하는 근간이 된 것도 팀제 확산이 한몫한 것이다. 즉 과거 국장·부장·과장·계장 등 다단계 계층을 없애고 모든 조직의 단계별 계층을 슬림화해서 팀장과 팀원이라는 단순한 구조로 전환하였다. 조직 단계 축소의 가장 큰 목적은 조직의 유연성과 신속성을 제고하여 급변하는 경영환경에 신속히 대응하는데 있다.

팀제의 또 다른 큰 특징으로 팀장 보직자는 과거처럼 연공서열이나 계급에 상관없이 여러 가지 측면에서 팀을 리드할 수 있는 역량이 있는 사람이 맡는다. 비록 근속연수가 낮거나 직급이 낮을지라도 팀을 이끌 만한 역량을 보유하고 모든 팀원들이 그의 능력에 대해 인정한 사람이라면 그 팀의 리더, 즉 팀장이 될 수 있다.

바로 360도 다면평가는 이러한 조직의 형태를 전제한 것이며, 나아가서는 모든 구성원이 참여하여 공정하고 객관적인 평가절차를 만들어 역량 있는 사람을 발굴해내기 위한 평가제도인 셈이다.

기업마다 다르긴 하지만 다면평가는 여러 가지 목적에 따라 다양하게 운영되며, 시행 횟수도 각기 다르다. 필자가 근무하는 회사에서 어떤 직원은 매년 상·하반기로 하는 다면평가에다 승격다면평가, 보직다면평가까지 1년에 4번 다면평가를 받는 직원도 있다. 다면평가는 평가를 받는 사람으로서는 굉장히 피곤하고 스트레스를 많이 받을 만한 평가방식이다. 그러나 전 직원의 참여로 다양한 의견을 담아 진정한 리더를 발굴해나가는 과정은 매우 긍정적이라 할 수 있다.

처음에는 많은 문제점이 노출되기도 했지만, 인사평가 제도로 정착된 현 단계에서는 순기능이 훨씬 많다고 본다. 우선 리더 계층에 있는 팀장급 이상 간부들의 역량이 상당히 향상되었으며 윤리적·도덕적 행동지수가 급격히 높아지게 되었음이 많은 연구논문에서 밝혀진 바 있다.

비단 기업만이 다양한 평가 제도를 도입한 것은 아니다. 이제는 사회전반이 객관적인 평가에 의존한다. 과거에는 몇 사람이 주도했지만 이제는 다양하고 많은 사람들이 평가에 참여해 평가결과의 수용성을 높이고 있다.

평가에 대한 우리들의 의식도 바뀌어야 하겠지만, 이제 평가는 거추장스러운 하나의 관행이 아니라 항상 가까이 있으면서 일상에서 나 자신을 객관적으로 내보이게 하는 유용한 도구라는 점을 인정할 때가 되었다.

45 _진정한 리더는 군자의 삶을 행한다

조직 구성원들은 크게 두 부류로 나뉜다. 한 부류는 타인에 의해서 이끌어지는 집단이고, 다른 한 부류는 스스로가 자신을 이끌어 가는 집단이다.

사람의 본성(本性)을 바꿀 수 없다는 사실은 만고의 진리이다. 단지 후천적으로 가꾸어지기는 하지만 회귀본능에 의해서 환경이 변하면 다시금 원래 상태로 돌아오기 마련이다. 조직의 성패는 앞에서 말한 두 부류의 집단 중에서 어느 집단의 사람들이 많은지에 따라 좌우된다.

필자는 직장생활의 절반 이상을 '사람'과 관련된 부서에서 일을 해왔다. 인사업무, 노무업무, 교육업무 등 직원들을 채용하고 배치하고, 교육·훈련시키고 노사협상 업무까지 주로 사람의 행동과 마음을 터치하는 일을 하였다.

그런 업무를 하면서 몸소 터득한 사실이 있다면 바로 "타고난 본성이 바른 사람은 어떤 방식으로라도 좋은 결과를 창출한다."는 것이다. 반드시 그 결과가 업무성과로 이어지는 것이 아니더라도 좋은 에너지를 분출시켜 긍정효과를 가져오게 한다.

마음속에 새길 만한 두 명의 직장후배가 있다. 한 사람은 서울 소재 이른바 '스카이(SKY) 대학'을 나온 경제학 전공의 11년 차 차장급 직원

'A'라는 사람이고, 다른 한 사람은 지방에 있는 4년제 대학을 나온 12년 차 차장급 직원 'B'라는 사람이다.

A라는 직원은 집안 환경도 좋고 머리도 좋은 것이 사실이다. 그러나 그는 하는 일마다 불평불만을 늘어놓는 단점을 가지고 있다. 주어진 일을 하면서도 일단 그 일을 추진하는 것에 대해 부정적인 측면을 내세워 다른 동료들로부터 반감을 갖게 한다. 또한 업무추진에 있어 걸림돌을 다른 사람들 탓으로 돌리는 습관이 있어 시간이 갈수록 그의 주변에 마음을 같이하는 동료가 없어지는 것처럼 보였다.

반면, B라는 직원은 어려운 가정환경에서 태어나 지방대학을 다니면서 여러 가지 아르바이트를 하여 스스로 대학 등록금까지 마련하면서 대학을 마쳤다. 그는 인턴직원으로 입사하여 정식직원으로 전환된 케이스이다. 그는 어디서나 솔선수범한다. 모든 일을 솔선해서 도맡을 뿐 아니라 특히 궂은일은 본인이 먼저 나선다.

또한 그는 매우 긍정적이다. 간혹 팀장마저도 마지못해 맡아온 업무를 기꺼이 본인이 하겠다고 자청하여 좋은 결실을 맺은 것이 한두 번이 아니다. 더구나 후배 동료들에게도 살갑게 대하면서 개인사까지 챙겨주었기에 그에게는 항상 지원군이 따를 수밖에 없었다.

한때 필자가 맡고 있는 부서의 팀원으로 그들과 같이 근무하면서 느낀 점이 있다. 사람은 보이는 것만이 전부가 아니라는 점과 타고난 천성을 후천적인 교육이나 제도 혹은 인센티브로 보완하는 것은 한계가 있다는 점이었다. 예상대로 스펙이 뛰어난 A보다도 B가 승격도 빨랐다. 현재 B는 팀장급 간부로 상사로부터 인정도 받고 중요부서에서 역할 모델링이 되어 후배들을 이끌고 있다.

물론 선배 입장으로서도 A를 그냥 내버려 둘 수 없기에 여건이 허락되는 한 본인이 느낄 수 있도록 직접적으로 나무라기도 하고 좋은 방향으로 인도하려고 무던히 노력해보았다. 그 결과 조금은 변화되었지만 B를 따라가기에는 역부족이었다.

본래의 타고난 특성에 셀프리더십의 자질을 갖추지 못한 자가 스스로가 변화하고 자기통제와 자기관리를 하지 않는데 그 누가 그 사람을 변화시킬 수 있겠는가? 본인 자신도 변화하기란 쉽지 않은 일인데 남을 변화시키는 것은 사실상 불가능에 가깝다.

일반적으로 리더십의 공통적 가치는 구성원들 간의 소통을 자유롭게 일어나게 하고 리더 자신의 카리스마(charisma)가 구성원들에게 전달되어 조직 목표를 달성할 수 있도록 조직 구성원들의 팀워크를 향상시키는 역량이다.

리더십이 발휘되어가는 과정에는 리더십의 주체인 리더 본인의 인격 정도에 따라 리더십의 가치는 굉장히 다르게 나타난다. 순간적으로 발휘되는 임기응변식의 처방이나 진정성이 결여된 리더십으로 지속가능한 리더가 될 수 없다.

리더의 카리스마는 부단히 본인 자신을 스스로 단련시키고 극기하며 진정으로 자신을 수신(修身)하고 상대방을 배려하는 마음에서 나오는 결과이다. 외부적 힘을 이용하거나 일방적인 명령으로 보여주는 카리스마는 종이호랑이에 불과할 뿐이다.

리더십은 반드시 높은 학문에서 나온 것도 아니요, 더욱이 권력의 힘에서 나오는 것도 아니다. 오직 나를 다스리고 자신 스스로가 모범을 보일 때 진정한 '리더'가 될 수 있다.

모든 일들은 뜻이 있다고 해도 뜻대로 되는 것은 아니다. 단지, 본인에게 주어진 책임과 의무를 스스로 다할 뿐이다. 거기에 더해 이왕에 하는 일이고 나에게 주어진 책무라면 주어진 과업을 최대한 잘 수행하기 위해서 각고의 노력을 하는 것이 당연하다.

그러고 나서 결과를 기다릴 뿐이다. 즉 나에게 주어진 삶이 버겁지만 무성실(務誠實: 성실히 행할 것)의 자세로 진인사대천명(盡人事待天命: 사람의 일을 다 한 후에 하늘의 명을 기다림)의 심정으로 본인의 책임과 의무를 수행하는 것이 최선의 방책이다.

유교에서는 가장 모범으로 떠받드는 인격체를 군자(君子)로 표시한다. 우리로 따지면 조선의 선비를 가르킨다. 예로부터 군자다운 삶이 어떠한 것인지를 두고 여러 주장이 있었지만 그중에서도 으뜸은 역시 맹자가 말한 대장부론(大丈夫論)이다.

"세상에서 가장 넓은 집에서 살고, 세상에서 가장 바른 자리에 서며, 세상에서 가장 떳떳한 길을 간다. 사람들이 알아주면 그 사람들과 함께 그것을 실천해가고, 사람들이 알아주지 않으면 홀로 그 원칙을 지켜나간다. 재물과 벼슬의 유혹으로도 그 마음을 흩트릴 수 없고, 가난과 비천의 고난조차도 그 의지를 무너뜨릴 수 없으며, 권위와 무력의 위협으로도 그 기개를 꺾을 수 없다." 이런 사람을 가리켜 대장부라 한다.

리더는 모름지기 대장부 정신이 깃든 사람이어야 한다. 본인 자신을 바로 세우지 못하고 스스로 리딩하지 못하는 자는 리더로서 성장할 수 없으며, 설령 그가 리더의 위치에 있더라도 진정한 리더라 할 수 없다.

스스로 진단해보건대 리더의 자질에서 벗어나 있다면 지금부터라도 굳건하게 자신을 스스로 책임지는 자세로 대장부론의 기개를 세워나가야 할 것이다. 여기서 리더란 남을 이끄는 사람만을 가리키는 것이 아니라 나 자신을 지혜롭게 이끄는 자를 말하기도 한다. 오히려 남을 이끄는 리더보다는 나 자신을 슬기롭게 이끄는 셀프리더를 진정한 리더라 할 수 있다.

46 _누구나 '셀프리더'가 될 수 있다

셀프리더십의 자질을 갖추고 그것을 몸소 실천하고 생활화하는 사람을 '셀프리더'라고 부른다. 셀프리더는 진정으로 자신을 이끌고 있다고 스스로가 인정하고 남들이 인정하는 사람이다.

자신을 스스로 이끈다는 것은 결코 쉽지 않다. 흔히 일정한 조직 내의 사람들을 이끄는 자질을 리더십이라 부른다. 일반적인 리더십은 자신이 가지고 있는 내면의 것과 다르게 상대에게 보여주는 리더십만으로도 상대방을 지도하거나 이끌 수가 있다.

그러나 셀프리더십은 남을 이끄는 리더십이 아니라 본인 자신을 이끄는 리더십이다. 남은 속일 수 있어도 자기 자신의 마음은 속일 수가 없다. 스스로가 정한 윤리적·도덕적 기준에 맞추어 자기를 규율하고 통제하며 본인이 설정한 목표를 달성해가는 여정은 어쩌면 자기 극기에 가까운 것이라 할 수 있다.

셀프리더는 스스로가 동기를 부여하고 그로부터 에너지를 생산해 내는 셀프파워를 갖고 있다. 남으로부터 인정받기 위해서가 아니라 나 자신에게 인정받을 수 있도록 항상 생각하고 실천한다. 셀프리더는 상대와 협력하고 상대를 존중하면서도 자신의 가치관으로 살아가기 때문에 쉽게 지치지 않는다. 그러기에 남의 의식에도 자유로울 수 있으며, 자신 스스로가 힘을 발휘해서 세상 앞에 당당하게 설 수 있는 파워를 갖는다.

매슬로의 '욕구위계 이론'에서도 볼 수 있듯이 인간의 욕구 중에 상위에는 '존경의 욕구'가 있다. 누구에게나 존경받고 싶고 인정받고 싶은 욕구는 아주 자연스러운 인간 심리이다. 그러나 남에게 칭찬받고 인정받고 싶은 욕망은 끝이 없다. 그러기에 결국 그것에 몰입되어 자기 자신을 잃어버리는 우(愚)를 범하게 되는 것을 종종 볼 수 있다.

진정한 셀프리더는 남으로부터의 칭찬과 인정의 욕구로부터 자유로워질 수 있어야 한다. 자기 자신의 가치가 강화되어 있고 내면이 충실한 사람은 남의 과분한 칭찬을 경계할 수 있다. 오히려 그것을 두려워할 줄 안다. 대신 어제보다 '오늘'이 오늘보다 '내일'이 더 나아지는 자신의 모습을 보고 자신을 인정하고 스스로 칭찬할 수 있는 사람이 진정한 셀프리더이다.

우리 주변에는 실패보다는 높은 성공의 경험 때문에 깊은 나락(那落)으로 떨어진 사람들이 많다. 그들 역시 수많은 장애물을 극복하고 자신을 희생하며 불가능을 가능으로 만들어 온 사람들인데도 이내 그 높은 자리에서 추락한 이유는 일시적인 성공에 도취된 나머지 남들의 일상적인 칭찬과 자신에 대한 인정이 그들을 방심하게 만들었기 때문이다.

그렇다고 셀프리더가 세상으로부터 벗어나 고립적인 생활을 지향하는 사람은 결코 아니다. 셀프리더는 그의 조직 내의 사람들과 조화로운 삶을 첫 번째 가치로 생각하는 사람이다. 더불어 셀프리더는 스스로가 먼저 행하는 태도를 견지하며 주변을 향기롭게 가꾸는 사람이다. 셀프리더는 1+1이 2가 아니라 3이 될 수 있도록 관계의 질을 높이고자 하는 정신을 몸소 실천하는 사람들이다.

이제는 과거 조직에서 일반적인 기업문화로 인식된 '집단 문화'에서 탈피해 자기 삶을 주도적으로 펼치는 사람, 즉 셀프리더들을 존중하는 선진문화로의 변화가 시급한 때이다. 그들을 매개로 또 다른 셀프리더가 성장할 수 있도록 풍토를 마련해 조직 구성원 전체가 셀프리더십을 충분히 발휘할 수 있도록 만든다면 조직의 잠재된 힘은 말할 수 없이 향상되게 된다.

진정한 셀프리더는 "남들이 나를 인정하는 것에 얽매이는 것이 아니라 내가 나 자신을 인정할 수 있는지를 고민하는 사람이다." '나' 자신에 대해 '나'보다 더 잘 아는 사람은 없다. 그러기에 '나' 스스로가 정한 가치에 부합한 행동을 하고 실천할 때 진정한 기쁨과 보람을 찾게 되는 것이다.

셀프리더는 상대와의 비교를 거부하는 사람이다. 오직 자기 자신을 과거와 비교하여 더 나은 현재를 만들어 가는 사람이다. 그래서 셀프리더는 열등감을 느끼지 않는다. 열등감은 남과 비교했을 때 조금 부족하고 조금 덜 가진 것에 대한 심리적 위축감이기에 셀프리더들에게는 무의미하다.

욕망이란 끝이 없다. 아무리 높은 지위와 많은 재물을 갖는다 해도 그를 능가하는 사람은 세상에 얼마든지 존재한다. 그래서 남을 쫓다 보면 항상 열등감에 휩싸이게 되며 그것을 벗어나려고 본인의 능력 밖의 것을 찾게 된다. 따라서 무리한 행동을 하거나 과도한 욕심을 부려 결국에는 스스로 자신을 잃어버리게 된다.

남과 비교하지 않고 '나' 자신을 지키며, 자기실현에 목표를 두고 오늘보다 더 나은 내일을 향할 때 비로소 자존감이 생겨난다. 자존감(self-esteem)은 자신 스스로를 존중(regard)하려는 마음이다. 그 속에는 자신의 위엄(dignity)이 있다.

자존감은 자신 스스로가 존중받을 수 있도록 다짐하고 행동한 결과이다. 남과의 비교를 통해서 얻어지는 것이 아니기에 더욱 떳떳한 마음을 가질 수 있다. 당당하고 자신감 넘치는 모습에 절제된 미덕까지 배어 있는 그 모습은 아름답기까지 하다.

셀프리더의 표상이라 할 수 있는 현대그룹 창업자 고 정주영 회장은 "나는 어떤 일을 시작하든 반드시 된다는 확신 90퍼센트와 할 수 있다는 자신 10퍼센트를 가지고 일해왔다. 안 될 수도 있다는 회의나 불안은 단 1퍼센트도 끼워 넣지 않았다. 중요한 것은 원행일치(願行一致), 목표를 세웠으면 행동과 실천이 뒤따라야 된다.

자기 확신과 자신감은 강력한 믿음을 낳으며 그 믿음은 내가 가진 능력을 무한대로 확장시키는 힘을 발휘하게 만든다. 우리의 뇌는 우리가 믿고 기대하는 방향으로 작동한다. 뇌가 작동하기 시작하면 신체는 그 믿음이 사실인 것처럼 반응한다.

"우리가 어떤 일을 감히 하지 못하는 것은 그 일이 너무 어렵기 때문이 아니라 어렵다는 생각에 사로잡혀 그 일을 시도하지 않기 때문"이라고 세네카는 말했다.

누구나 셀프리더가 될 수 있다. 행복해지려고 마음먹은 사람만 행복해질 수 있듯이 셀프리더로 살아가겠다고 마음먹은 사람은 누구나 셀프리더가 될 수 있다. 단, 자기 스스로가 자신을 인정하지 못하면 다른 사람도 나를 인정해주지 않는다. 자기 확신과 믿음을 통해 나 자신을 인정하고 자기 가치를 실현해 나갈 때 비로소 남들에게 존중받을 수 있다. 인간의 최고 가치인 '자기실현'의 성패는 그 어떤 것도 아닌 바로 나 자신에게 달려 있다. 이 책을 통해서 나 자신을 존중하면서 나를 가꾸는 일이 얼마나 중요한지를 조금이라도 느꼈다면 머리가 아닌 실천으로 옮겨야 한다.

바로 오늘부터 시작하라!

미덕(美德)이 있는 셀프리더가 되고 싶다

책을 쓴다는 것이 말처럼 쉽지 않다는 것을 새삼 다시 느끼게 되었다. 이 책의 마지막 페이지를 마치면서 안도의 한숨을 쉬어보지만 책을 완성했다는 뿌듯함보다는 뭔가 부족하다는 느낌은 지울 수가 없다.

솔직히 이 책을 쓰면서 내 마음속에 담아두었던 이야기를 글로써 표현할 수 있다는 강한 자부심이 들기도 했지만, 한편으로는 과연 이 많은 이야기를 내가 전부 소화해내었는지 의문이 들기도 했다. 혹시 남의 이야기를 내 이야기처럼 꾸며낸 것은 아닌지 반문을 해보기도 했다. 하지만 내가 하고 싶은 이야기를 마음껏 글로 옮길 수 있어 책을 쓰는 동안 내내 너무나 좋았고 행복했다.

오랜 세월 직장생활을 하면서 나는 '셀프리더십'이 직장인들에게 가장 중요한 덕목이라는 것을 실감했다. '셀프리더십'은 나의 신념 혹은 나의 가치관을 모두 담은 단어인 셈이다. 항상 남으로부터 인정받고 싶어 하면서도 언제나 '나답게' 살고 싶었다. 그러나 두 가지를 동시에 양립하기란 여간 쉽지 않다는 걸 깨달으면서 참으로 많은 고민을 했다.

우리 사회가 아직은 성숙하지 못하다고 단정하기에는 내가 부족한 점이 많아 자신할 수 없다. 단, 직장의 문화는 그렇다. 남들로부터 인정도 받고 나의 자존감도 세워나가기란 여간 쉽지 않다. 어찌 보면 남의 인정을 받으려면 나 자신을 낮추며 내 것은 나중으로 미루는 일종의 사회적 관습처럼 되어버린 행동규범을 따라야 한다. 결국 자신의 자존감에 상처를 입혀야만 남으로부터 인정받을 수 있다는 결론에 이른다. 오랜 세월 동안 그런 행동이 미덕인 양 믿어 왔던 것이 정말 부질없이 느껴졌다.

나는 이러한 점을 깨달으면서부터 내가 할 수 있는 것을 찾아보고 싶었다. 그래서 가장 핵심이 되는 '셀프리더십'을 키워드로 학회에 논문을 발표하고 연구하면서 실무에 가까운 이론을 만들어 가야겠다는 일종의 사명감 같은 것을 느꼈다. 그것이 계기가 되어 이 책까지 쓰게 되었다.

이 책을 쓰면서 나 자신을 돌아보는 시간을 가질 수 있었을 뿐만 아니라 나 자신 또한 아직도 실천하지 못한 것이 많음을 반성하게 되었다. 또한 진정한 삶을 찾아가는 길이란 무엇인지를 다시 짚어보는 시간이 되었다. 잠깐씩 글이 풀리지 않아 답답할 때도 있었지만 대부분 글을 쓰는 시간 동안은 행복했고 마치 나를 찾아가는 수행자의 마음처럼 뿌듯함을 느꼈다.

본문 속에 이런 글이 있다.

"행복한 사람이 되려면 사람들에게 사랑받고 사랑스러운 존재가 되어야 한다. 이는 곧 존경받고 존경받을 만한 사람이 되고, 칭찬받고 칭찬받을 만한 사람이 되는 것이다. 그러기 위해서는 우선 가장 중요한 것이 '미덕'을 갖추어야 한다고 했다. '미덕'을 갖춘 사람이란 신중(愼重), 정의(正義), 선행(善行)을 실천하는 사람을 가리키는 것이다."

미덕의 사전적 의미는 '아름답고 갸륵한 덕행'이라고 나와 있다. 미덕을 갖추는 사람이 되기 위한 행동지침으로 '미덕의 트라이앵글(triangle)'

을 제시하고자 한다. 즉 나 자신을 바로 세우고, 남을 이롭게 하며 다른 사람을 선한 마음으로 대하라는 것이다.

그렇다. 미덕의 트라이앵글을 실천하면서 남은 인생을 사는 것이 나의 목표이다. 그래서 우리 집 가훈을 신중, 정의, 선행으로 정하여 현관 한가운데 붓글씨로 크게 써서 붙여놓았다. 바로 이 책의 중심 키워드이자 내 삶의 키워드인 '셀프리더십'을 실천하는 데 있어 근본이 된 정신이기 때문이다.

이 책을 마무리하려니 아쉬움이 많이 남는다. 무언가 빠진 느낌이고 한없이 부족한 마음이다. 나머지는 독자 여러분들의 생각으로 메워 갈 것이라고 믿는다.

이 책이 나오기까지 지극정성으로 지도편달을 아끼지 않으신 김호석 대표님 그리고 섬세하게 끊임없이 코칭을 해준 박은주 팀장과 양정우

교정자께 감사의 말씀을 전하고 싶다.

아울러 지방에 떨어져 사는 남편의 부족한 점을 모두 메꾸어주고 사랑으로 감싸주며 여기까지 인도해준 아내 김진이와 내 삶의 진정한 후원자인 큰딸 배윤아, 항상 든든한 버팀목이 되어준 아들 배윤규에게도 고맙고 사랑한다는 말을 전하고 싶다.

아침 5시면 하루를 시작하는 새벽형 직장인이자 자칭 셀프리더이다. 군복무를 마치고 대학졸업을 앞둔 1986년 12월에 한국전력공사에 입사했고, 2001년 현재 근무처인 전력거래소로 전적을 하였다. 국내에서는 생소한 전력시장 설계와 전력시장 운영업무를 다년간 수행했고 2005년부터는 줄곧 인사 및 기획업무를 해오다가 지금은 전력거래소 KPX교육센터장으로 재직 중이다.

직장생활을 병행하며 주경야독으로 한양대학교에서 석사과정을 마친 후 서울대학교 경영대학원과 고려대학교 노동대학원을 거쳐 2012년도에 서울과학종합대학원(aSSIST) 박사과정 등록까지 쉼 없이 배움의 열정을 쏟아 낸 결과 2016년 봄에 '경영학 박사'라는 호칭을 하나 더하게 되었다.

수년간 기업현장에서 인사업무를 하면서 얻은 경험과 지식을 바탕으로 기업에서 가장 핵심자원인 사람과 조직성과의 관계에 관한 여러 편의 논문을 학회에 발표하였고 그 논문들을 바탕으로 박사 학위논문을 쓰게 되었다.

　　논문의 핵심 키워드는 '셀프리더십'이었다. 셀프리더십의 이론적 고찰을 통해 셀프리더의 삶을 조명해보고자 이 책을 준비하게 되었다. 후학에도 관심이 많아 현재 서울과학종합대학원(aSSIST)에서 겸임교수로도 활동 중이며 '셀프리더'라는 필명으로 개인 블로그에 관심분야 글을 써오고 있다. 저서로는 2016년에는 출간한 『셀프리더십과 조직성과의 관계연구』가 있다.

내 삶을 이끄는 습관
셀 프 리 딩

초판 1쇄 인쇄 2017년 7월 25일
초판 1쇄 발행 2017년 8월 04일
초판 2쇄 발행 2018년 4월 25일

–

지은이 배병옥

–

펴낸이 김호석
펴낸곳 도서출판 린
편집부 박은주
교정교열 양정우
마케팅 오중환
관리부 김소영

–

등록 313-291호
주소 경기도 고양시 일산동구 장항동 776-1 로데오메탈릭타워 405호
전화 02) 305-0210
팩스 031) 905-0221
전자우편 dga1023@hanmail.net
홈페이지 www.bookdaega.com

–

ISBN 979-11-87265-22-1 03320